敬听

〔韩〕朴元淳 ◎ 著
曹庭微 ◎ 译

The mayor of Seoul teaching you the art of communication
Attentive Listening

首尔市长教你沟通的艺术

中国画报出版社
CHINA PICTORIAL PUBLISHING HOUSE

图书在版编目（CIP）数据

敬听：首尔市长教你沟通的艺术/〔韩〕朴元淳著；
曹庭微译. -- 北京：中国画报出版社，2015.6
ISBN 978-7-5146-1090-1

Ⅰ.①敬… Ⅱ.①朴… ②曹… Ⅲ.①心理交往—通俗读物 Ⅳ.①C912.1-49

中国版本图书馆CIP数据核字（2015）第032862号

"Attentive Listening" by Wonsoon Park
Copyright © 2013 Human Cube, an imprint of Munhakdongne Publishing Corp.
All rights reserved.
Original Korean edition published by Human Cube
The Simplified Chinese Language edition © 2015 Beijing read product joint culture media Co., Ltd.
The Simplified Chinese translation rights arranged with Human Cube through EntersKorea Co., Ltd., Seoul, Korea.

著作权合同登记号 图字：01-2015-1447

敬听：首尔市长教你沟通的艺术　　〔韩〕朴元淳　著　　曹庭微　译

出 版 人：	于九涛
责任编辑：	张光红
责任印制：	焦　洋
出版发行：	中国画报出版社
	（中国北京市海淀区车公庄西路33号　邮编：100048）
开　　本：	16开（700mm×1000mm）
印　　张：	12.5
字　　数：	118千字
版　　次：	2015年6月第1版　2015年6月第1次印刷
印　　刷：	三河市九洲财鑫印刷有限公司
定　　价：	30.00元

总编室兼传真：010-88417359　　版权部：010-88417409
发　行　部：010-68469781　　010-88417417（传真）

目 录
CONTENTS

自序 不是为了别的，只为幸福而敬听　001

第一部分　拥堵的时代，需要敬听

因孤独而呐喊的时代　006

耳朵的成长　010

脚踏实地，眼观宇宙　017

打开耳朵　021

真假沟通　027

愉快，爽快，痛快　032

世人皆我师　036

"大耳朵"（Big Ear）领导力　041

敬听的10个原则　046

敬听 2.0：用沟通去吃饭，去软化自己，去学会合作　064

消灭心中之火的消防员　070

第二部分 如何敬听，敬听又能换来些什么

如何用心地敬听　074

生硬的行政用语，现在再见吧　079

我们现在见面吧！就现在　086

敢说就能实现　093

有什么话说吗？请现在就说吧　101

不过是市长而已，让我也试试吧　107

直接沟通　111

让我们去小区转一圈吧　117

沟通是一种填充　123

小革新能带来大变化　129

预防矛盾学　134

热恋告白，炙热的沟通　143

脚踏实地地妥协　153

《来自星星的你》，无懈可击　160

用市民的力量奔跑　166

尖端行政的胜利　173

为了说而听　181

曾经一起做的梦成为了现实　190

自序

不是为了别的,只为幸福而敬听

防民之口,甚于防川。

"堵住百姓们的嘴比堵住洪水还难。"这句饱含智慧的话时刻为我们敲响沟通的警钟。听听周边的声音,比起快乐和幸福,我们更常听到的是忧虑和不满。身在首尔市长这个任重而道远的职位,我更能深刻地体会到政府和市民及时沟通的重要性。

随着智能手机和SNS(社会性网络服务)的普及,沟通比过去简便易行多了,而我们为什么会越来越强调沟通呢?原因就是我们并没有做到真正的沟通。

自担任首尔市长以来，我经历了很多事情。一直以来积累的民怨和矛盾似乎相约一齐向我袭来，但我心里一直有个声音——它告诉我不要害怕，勇敢地朝着正前方走。最后，这些难题都迎刃而解了。在过去的两年之中，我解决了市政悬案，平息了地铁票价猛涨的风波……做这些事让我觉得人生很充实，我知道这样的特别经历正是通向我美好未来的桥梁。

从还是人权律师和市民活动家时开始至今，我遇见了无数不同领域的人，我知道要凝聚不同个体的力量，使大家一起过上幸福美好的生活，第一步要做的就是沟通。为了更好地沟通，我们需要打开自己的心扉并认真倾听别人的话语。作为市长，要履行好自己的职责，我更应该好好敬听市民的心声。

我下定决心要写一本有关沟通的书。我身边有很多人称赞我是个很会与人沟通的人，我想知道事实是否真的如此。在书中，我分享了自己亲身经历的一些事情，通过这些事情我学会了如何与市民沟通。如果本书中的事例能给大家、给我们的社会带来些许启迪的话，我想这本书的意义并不亚于市政活动。

在这里，我要感谢向我倾诉生活苦恼和分享生活故事的赵恩浩先生、Human Cube出版社和首尔市的公务员们。当然最重要的是首尔市民们的支持，如果没有市民们的支持和帮助，这本书是不可能出版的。真心地感谢大家！

"听"这个词的意思是单纯地听声音。但只是听，是称不上真正的沟通的。为了更好地沟通，我们需要敬听。看到这里，可能很多人会疑惑为什么我用的是"敬听"这个词而不是"倾听"。因为在我看来，只是倾听还不够。如果不是怀着一颗恭敬的心去听，那么无论听得多么认真，也就像耳边一阵风吹过罢了。所以，我们要超越"倾听"，做到"敬听"。真正的沟通是带着恭敬的心将对方的话听到内心深处。

眼睛要睁开才能看见东西，而耳朵却是一直打开着的，所以人们很容易误以为周边只要有人说话就能听见。其实，耳朵也是需要打开才能听得见的。让我们从今天开始打开耳朵、打开心灵去敬听他人的心声，并与他人进行一次真正的沟通吧！

第一部分
拥堵的时代，需要敬听

> **第一部分**
> 拥堵的时代,需要敬听

因孤独而呐喊的时代

读者朋友们,仅是在今天或者这周之内,你们遇见过多少人,又和这些人进行了怎样的沟通呢?每个人都是独立存在的个体,所以我们需要对话、交流。现今e时代,任何人都可以随时随地使用网络交流,人与人的沟通已不再受时空的限制和束缚。

可笑的是,现代人反而常常喊着寂寞。他们会因为没有人听自己说话而伤心,因为没有人肯听自己诉苦而觉得委屈。当今社会中,忧郁症已经很常见了。为什么会这样呢?

因为我们处在一个"沟通不畅的拥堵时代"。

我们很难听到有人说自己能够和家人、邻居、单位和社会沟通顺畅，很多人在感叹"自己没法儿跟他们交流"……科技发展带来的沟通工具的变革空前绝后，却没能为我们解决沟通的拥堵问题，这很值得我们深思。

现在我想和读者朋友们谈谈我的认识。

"我现在究竟算不算是在跟人真正沟通呢？""别人的话我真的听进去了吗？""我是否只是在一味地说着自己的故事呢？""我是不是从来只会把责任推到别人身上呢？"对于这些问题，想必大家心中都有自己的答案。是的，我在说自己的故事。**比起改变别人，改变自己也许会更容易，我想沟通也是同样的道理。**

上学时，大家应该都做过听力测试吧，无论韩语的还是英语的。为了做对题，拿高分，我们会非常用心地听测试内容。可惜的是，在日常的沟通中，我们从来不会像做听力测试那样，那么认真地去听别人说话。我们只是在想听的时候才听，或只听想听的部分。因为我们觉得即使不听也不会造成恶劣后果。

其实不然，任何时候我们都需要用心去听，我们需要认真思考怎样更好地敬听别人的话。

敬听不是为了敷衍别人或者单纯地为了不错过重要的情报，而是为了促进自己的成长而去聆听别人的心声。生活中我们作为领导

第一部分
拥堵的时代，需要敬听

者或者追随者，在带领或被带领的过程中会接触很多人，生活、工作的圈子越大，我们越能理解为什么需要敬听。

"敬听"是个看起来很简单、实际却很复杂的词。集中精神，连对方的呼吸声都不放过就是敬听了吗？我们认真听懂后点点头就足够了吗？

律师、社会活动家、首尔市长，这些身份让我更多地面临沟通的问题，我做了很多的反思和分析，总结出了自己的敬听方法。现在，我将把这些方法分享给大家。

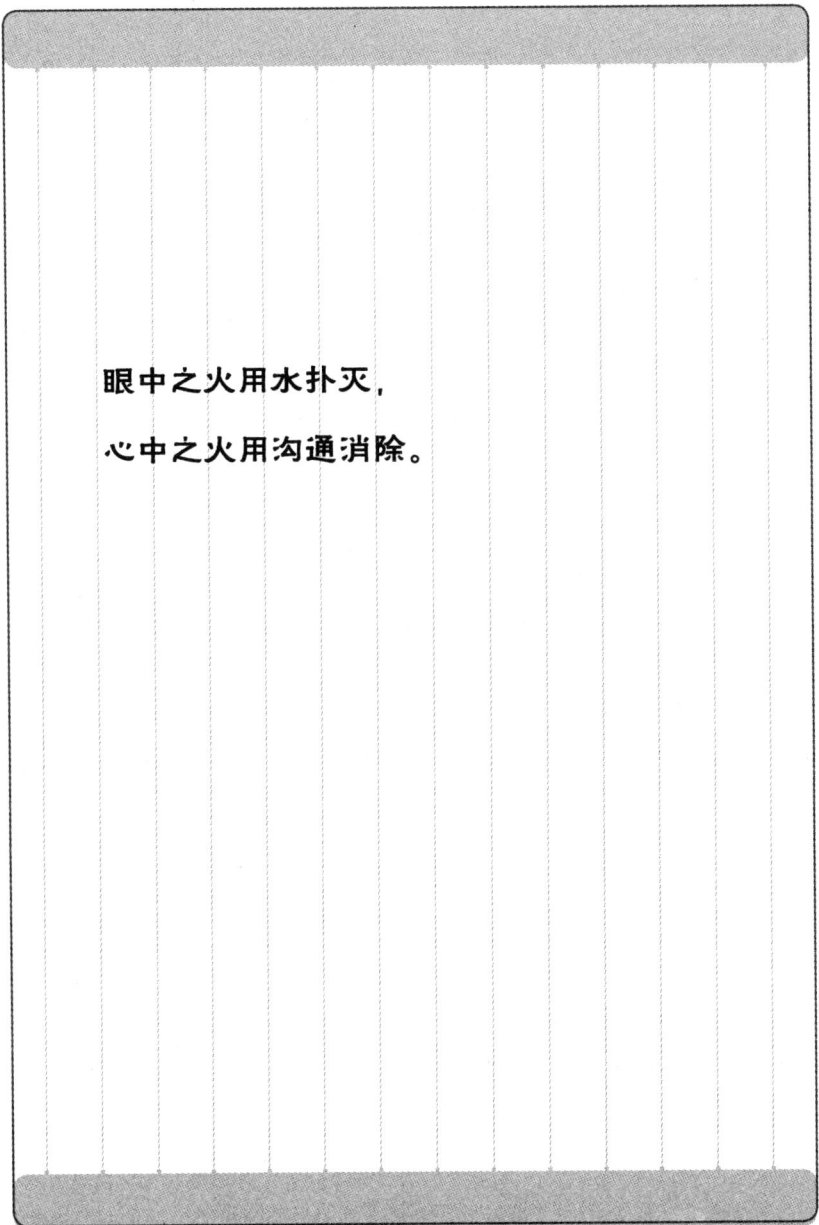

眼中之火用水扑灭，
心中之火用沟通消除。

第一部分
拥堵的时代，需要敬听

耳朵的成长

耳朵在成长。这里说的耳朵当然不是实际意义上的耳朵，而是心中的耳朵。心耳小，我们听到的声音就变小；心耳大，听到的声音就变大。我以前有过将小之又小的心耳变大的经历。虽然有些难登大雅之堂，但我还是想给大家讲讲我的"耳朵成长记"。

我曾经看过一个电视节目，参加节目的人被要求进行自我评价，给作为父亲、丈夫、上司、朋友的自己分别打分。现在大家不妨也给自己打个分。如果让我给十年前、二十年前的自己打分的话，我可能连零分都得不到。

无论是从前当律师的我，还是在PSPD（人民团结与民主参与联盟）、美丽财团、希望制作室工作时的我，都几乎是一个工作狂。家人什么的全被我抛在脑后，我的眼里只有工作，工作，工作。"只有这样才能办成大事"的偏见使我迷失了人生的方向。

到了20世纪90年代，社会的认识改变了很多。大家开始觉得男人也是要居家和温柔的。当大家都在谈论不喜欢"只知道工作的丈夫""沉默的父亲"的时候，我仍然是早出晚归地工作，一天和家人说不上几句话。我曾经是一个只会指挥妻子做这做那，自己从来不干任何家务的男人。子女的教育、升学，甚至是家庭经济问题，我都全部推给了妻子。现在回想起来，真是十分庆幸妻子那时没有将我赶出家门。

在工作上，作为上司的我合格吗？本书的书名叫作《敬听》，这样的书过去的我是绝对不可能写得出来的。过去的我就像一个没有刹车的推土机，只会不停地工作。也许，我给很多人造成了伤害。好在大家都是热心公益的志愿者，没有对我的无礼耿耿于怀。回顾以往，我想自己并不是一个照顾下属、体谅后辈的好上司、好前辈。

电影和电视剧中经常会出现有关家庭和休息的场景，生活中我们却很难做到家庭、工作、休息三者兼顾。工作迫在眉睫，没有休

第一部分
拥堵的时代，需要敬听

息的时间，想要和家人团聚却又分身乏术。每次对家人和职员感到抱歉的时候，我都会将"现实很残酷"作为借口为自己开脱。

如果我仍像从前一样只重视结果，那么此时的我应该比现在不幸得多。一味按照自己的原则，呼喊着"向前冲锋"的我，表面上自信满满，内心却充满了孤独和不安。其实，大家一起做事比一个人孤军奋战要好得多，可惜我当时并没有意识到这一点。

将我这个陷入工作的泥沼中不能自拔的人拯救出来的恰恰是工作。随着工作环境和立场的变化，我做事的方式也发生了改变。我所做的事情，大部分是关于建设沟通的社会、公平的社会的。事情的规模很大，参与的人员很多，借助大家的力量，我们最后总能得到好的结果。可是，对于总是固执己见、一意孤行的我来说，学会和大家沟通、合作的过程充满了艰辛。为此，我不得不成为一个敬听别人的人。

在敬听别人的同时，我自己不知不觉也发生了变化。试想，为韩国第一个性骚扰原告方做辩护，捍卫女性人权的人，在家里会轻视自己的妻子吗？为了做好辩护，在做了很多有关女性权益方面的功课后，对于女性，我也在不经意间转变了态度。

我确实为此付出了努力。无所事事的人在就业之前，一定会做些准备。同样，长时间工作的人如果想要去玩儿，也要做一些有关玩儿的准备。为人夫、为人父，对妻子好、对孩子好是天经地义的，但是男人们需要学习才知道怎样当个好丈夫、好爸爸。在员工集体罢工时挺身而出、在公司出现经营危机时力挽狂澜、无数次地挥汗如雨……是这些造就了一个在工作中挥洒自如的上司。

出任首尔市长后，我更是有了根本性的改变。首尔市长是一个怎样的职位呢？我的手下有数千名、数万名公务员，要为一千万名市民服务……我不能任性地做事，随心所欲地与别人相处。

当上市长后，我也更加了解首尔市存在的种种矛盾及其解决之道。我意识到当我还是一名普通市民时，很多事情自己并不了解。面对这个布满伤口和充斥着矛盾的城市，作为市长我自然不能仅凭自己了解的情况，狭隘地支持某一部分人的立场。

于是，我想到了"敬听"。我开始尝试着将事情交给别人去做，并且真心地信任对方。我无数次思考市长究竟要做些什么，最终有了自己的答案：任何时候都要找到一个解决问题的最佳方案，并且在自己不擅长的领域多多敬听公务员们的意见。

第一部分
拥堵的时代，需要敬听

接下来是市民的声音。

我认为，不仅要听支持我的人的话，更要听反对我的人的话。所以我鼓起勇气走到了那些误会我、批判我的人集会的场合。尽管身边的人劝我不要去那种场合，但我想制造这样一个机会，让误会我的人解开误会，让有话想对我说的人能有机会亲口对我说。而且在去之前，我已经做好了被打耳光、被泼冷水的准备。

如果说去之前我一点儿都不担心、不害怕，那肯定是谎话。虽然我心里满是不安和害怕，但事实上并没有想象中的恶劣事情发生。而且正是因为这些反对的声音，从那以后不管遇到什么事情，我都自信能够做到敬听。我去市场巡视的时候，即使很多人在大声嚷嚷，我也不会阻拦他们，反而会让他们把想说的话都说出来。以前，我一定会生气地堵上耳朵不听，而现在我却能作出适当的回答。正是由于我的这些努力，使得从前不信任我、对我不满的人们不再对我有任何成见。

对待家人的态度也是该改变的时候了。每天祈愿市民家庭和睦的市长，在家里却保持一个高高在上的权威形象，这怎么能行呢？虽然刚开始有些害羞和尴尬，但我还是会硬着头皮跟妻子、孩子们搭话，哪怕只是说上一句。并且我会尽量忙中偷闲抽出时间来陪他们。

耳朵的成长

在生活中，我经常能感受到平等的沟通给我带来的乐趣，我时常想我真是个幸运的人。在NGO（非政府组织），更注重的是信任与合作，而不是命令与服从。对我来说，和年轻人一起平等地工作就是一种快乐。但有些事情仅仅靠快乐是无法完成的，我们需要强制，或者出于现实原因而不得不划分出权位阶级。重要的是，你在这个过程中尝试过敬听别人的声音，和别人沟通，那么事情往往就会有好的结果。为了成为懂得沟通和对话的人，我们要一刻不停地努力。此刻的我也正在努力进一步提升自己。

大家觉得怎么样呢？我是一个会沟通的人吗？如果说在这方面我的表现还算良好，这也并不是与生俱来的，而是我长时间努力的结果，我从一个从来不听别人劝的倔牛，变成了现在这个懂得敬听数以万计市民心声的人。大家对此刻的自己并不满意的话，就请想想我的成长过程，相信你也能知道该怎么改进。加油吧！

"倾听"也许容易做到，但做到"敬听"却很难，我想并不只有我一个人做不好这件事。所以，我们更要拿出十二分的努力。请大家在任何时候都不要忘了沟通，即使这个过程会有些费时耗力，但请相信我们终将到达成功的彼岸。

第一部分
拥堵的时代，需要敬听

　　我并不想与时代背道而驰，而是想要追随时代的脚步。没有不透风的墙，与其隐瞒，不如大大方方、亲切地公之于众。

脚踏实地，眼观宇宙

领导者也好，追随者也罢，大家是否都明白自己的角色并正确扮演它呢？**我认为能够看清自己所处的时代是现代人生活的基本技能。** 除了与世隔绝，只走自己的路的艺术家、哲学家以外，我们每个人都要聆听时代的要求。如何把握时代的节奏呢？向比我们先发展起来的国家学习不失为一条捷径。

未来不可预测，过去已习以为常，很多人不会为了未知的未来冒险改变以往的行为习惯，这是人之常情。但是时代在变化，我们必须紧跟时代的步伐，并适时调整自己的行为。如果不未雨绸缪的话，就很容易失败。比如盖楼房，以前房地产公司一般会建可以容四个人居住的大户型。可是放到现在，这样的房子会有多少人买

第一部分
拥堵的时代，需要敬听

呢？如今独自居住的人比和家人一起住的人多得多，只有建造适合单身人群居住的小户型才能畅销。

并不是我在追逐着时代，而是我存在于随着时代而变化的社会之中。我们的出发点都是使自己更幸福，每个人的小改变共同推动整个社会的大运转。

设想一下：最近独自走夜路的人很多吧？作为父母的我们是否相信，我们的孩子一个人回家非常安全呢？反正我是多少有些担心的。对此，每个人都有自己的解决方式。有的人会开车接孩子；有的人觉得孩子打车回来就会安全了；还有的人会站出来为社会除暴安良。他们不是想像"超人"一样打坏人，而是试图改变这个社会。他们认为只要社会变得和谐安全了，那么所有的孩子就都安全了。

环境问题也是一样。现在，"环保""回收利用"这样的用语为什么这么流行呢？电力、水利资源这么丰富，为什么我们还要提倡节约和环保呢？大家多关注一下就会知道这片土地、这个地球的资源正在渐渐枯竭。但是仅仅我一个人、我们一家人节约环保，吃有机农产品是不够的。如果这个社会出了问题，我当然也会出问题。如果地球要毁灭了，除非坐宇宙飞船去火星，否则大家都只有死路一条。不考虑可持续性和环境问题，而只是一味盲目消费，大家最后只会走上共同灭亡的道路。

每当我遇见大学生，总是会嘱咐他们，以后要做一个对社会负责的人。大家是不是觉得我说这话有点儿老掉牙了的感觉呢？从前这类话被赋予了特定的意义，意思是要对国家忠诚。虽然忠于国家也很重要，但是在我看来，只有实现自我的发展才能对社会做出更大的贡献。而我刚才所说的"负责"也就是这个意思。

人要在实现自我的前提下对社会负责任。我认为人的想象空间有多大，成长空间就有多大。囿于世俗的眼光，很多人小时候会觉得拥有体面的职业、开好车就是人生的全部了。反过来说，如果我们从小就以长远的眼光看世界的话，就能将世界当作自己的舞台，开拓更宽广的天地。所以我经常对青少年们说："你们每个人都是领袖，要相信在你们面前的是一个无限广阔的世界。"

并不是所有的人都要以统领世界和宇宙为目标，当然也不可能人人都成为那样的领导者。**但是每个人都会有最适合自己的位置，我们要在各自的位置上实现最大的价值。即使是在最渺小的位置上，做的事也是可以影响整个世界的。**

每个人都应该有梦想。就拿我来说，刚上大学时，我的梦想

> **第一部分**
> 拥堵的时代，需要敬听

是以后做一个有名的法官或检察官。虽然那个梦想也很远大，但是后来我有了更伟大的理想并且真正实现了它。我一直坚信多亏了大家，我才有幸得到了更多更好的机会。一路走来，钱和名誉也许会随之而至，也许并没有光彩相伴。钱和名誉并不是最重要的。单纯以钱和名誉为目标，会让我们错过很多机会。我们没有理由去做捡了芝麻丢了西瓜的事！

打开耳朵

梦想被放得越大,对一个人道德品质的要求就越高。响应时代的召唤,成为时代需要的人才,我们最需要重视的就是"好好去敬听"。

毋庸置疑,很多时候我们无法完全消除不公平、不合理。**民主主义是指所有人都能得到公平的竞争机会,能够实现良好的平等的沟通和聆听**。在民主主义的氛围中,沟通的前提就是话语本身的合理性和正当性。但是让我们观察一下周边的情况吧,拥有权威的人有资格说话,没有地位的人根本没有机会开口的例子数不胜数。这个时代里似乎年纪大、学历高、地位高的人说的话就代表着真理。

第一部分
拥堵的时代,需要敬听

在权威上占据绝对优势的人很多。在没有办法真正进行沟通的社会里,所有人都无一例外地曾经因为沟通不当而遭到无视或受过伤害。而先前受到的创伤又会诱发下一次的沟通不当,并一直这样恶性循环。没有办法真正沟通致使人们变得不幸,人们会觉得孤单。人本能地希望能有一个可以倾诉的对象。

还记得学生时期校长的训诫吗?最受学生欢迎的校长,一般都是训人的话说得很精简的校长。其实我们认真回想一下校长的话就会发现受益无穷,因为每一位校长都希望学生能够成才。但是往往没有学生认真听校长说话,甚至根本不记得校长说过什么。为什么会这样呢?因为校长们的讲话几乎千篇一律,毫无乐趣可言。

现在想想,不论是自言自语的校长还是心不在焉的学生都是孤单的。要想真正和学生交流,校长该怎么做呢?首先应该做的是听听学生们怎么说。要了解学生们想听什么,再以他们能够接受的方式去跟他们沟通。

眼睛要睁开才能看见东西,而耳朵却是一直打开着的,所以人们很容易以为周边只要有人说话就能听见。其实,耳朵也是要打开才能听得见的。但这并不是一件简单的事情,就像学乐器、学外语一样,学习敬听也需要一定的方法。

有句话说:"聆听其实是另一种诉说。"这句话对我们每个人来说从来都是很重要的,只不过它渐渐被人们忽略或是错误理解了。事实是,人们并没有多么重视聆听别人的心声。在这个高速运转的社会里,你不用过多去问、去较真儿,因为所有人的生活道路都如出一辙,却没有人来打破沉闷的步调。实际上,人人都知道目标,然而能够大声呼喊号召大家的人总是更吃香。这就叫作"推进力"和"领导风范"。

单纯为了经济增长而埋头苦干的时代已经过去,朝着唯一的目标一股脑儿狂奔的做法早已过时,现在是保持经济持续发展的同时,享受努力奋斗得来的成果的时候了。人们的需求开始多样化,不再像从前那样吃饱穿暖就觉得很幸福了。多元化的社会需要沟通,如今通向罗马的道路有无数条,而每条路上的每个人都至关重要。

这种变化在企业中体现得最为明显。以前生产者掌握着庞大的情报系统,他们无论生产出什么商品,消费者都只能接受并购买。而现在,生产者掌握的信息消费者几乎都知道。甚至在某些领域,有些消费者比生产者更了解行情。市场经济下,消费者了解每一个生产环节,积极参与到生产过程之中。生产者的每一个产品都需经

> **第一部分**
> 拥堵的时代，需要敬听

受消费者的审查。

  正因为如此，生产者自然需要恭恭敬敬地对待消费者，而不能像从前那样摆出一副高傲的姿态。为了使消费者满意，生产者必须放低姿态。留意一下世界著名企业家们的讲话，我们就会发现他们的话语中"沟通"和"对话"之类的词经常出现。不考虑职员们的建议，不主动和消费者沟通的企业能长久地生存下去吗？企业随心所欲地生产产品，再把这些产品投入市场就能赢利的时代已经过去了。

  现在是强调开放型合作的时代。网络上的百科字典是全世界的网民、学者们一起编成的字典，这部字典应该不比任何一部由几名专家修订的字典差。同理，企业家仅凭自己的头脑来经营是无法跟上时代步伐的。

  所以，企业家们才会不停地询问消费者的意见，并促使消费者积极参与生产活动。要让消费者的意见、消费者的行动成为经营的指针。真正重要的不是销售阵势多么庞大，而是使每一个产品都有很好的销路。这就必须首先了解消费者是怎么想的。伟大的企业家和经营者们比任何人都了解这个道理，并且已经付诸实践。

行政方式是否也需要有所改变呢？被束缚在传统体制中的行政方式没有适应时代的变化，执政者们也不愿意改变。很多事情即使大多数人都希望改变，也会由于所谓的"长辈们"的故步自封而没能实现。"长辈们"认为毕竟制度框架在那里，只要掌握了政权，即使一成不变也不会有什么问题。

其实也并不全是"长辈们"的错。毕竟从前的时代就是那样的，他们一时半会儿没有准备好改变也无可厚非。现在的社会正处于政治制度的过渡期。根据变化的法则，过渡期内自然会有得到进化的东西，也会有被淘汰的东西。能确定的是，必须是具有时代领导能力的人，才能够在做好本职工作的同时得到社会的认可。不论是为了我们自己还是为了社会，我们都必须改变。

第一部分
拥堵的时代,需要敬听

如果没有细节,那么你充其量只能算是一个预言者,说的话只不过是些风一吹就散的浮云。

真假沟通

很多人抱怨平时工作那么忙，哪里有时间每件事都一一过问呢？他们看重的是效率。让我们仔细想想这样真的有效率吗？比如做饭，给自己做饭的话，我可以想怎么做就怎么做。即使菜炒焦了也没关系，我自己闷头吃下去就行了。收了大家的钱给大家做饭，我就不能不管不问、只管做熟了。也许我很快就做好了饭，但一定做不出符合每个人口味的可口饭菜。可能有些人会将就吃下去，有些人会要求退钱，还有些人会要求多放些酱油、辣椒酱或是要求再煮熟一点儿。虽然我很快就把饭做好了，大家却不能马上吃上饭。我并不是让大家一味地遵从别人的意愿，做事没有主见，而是想说，了解别人的意见有助于提高我们的办事效率，最终达到这样一种效果：既能做出可口的饭菜，又让大家在肚子饿之前及时吃上

第一部分
拥堵的时代，需要聆听

饭。

同时，不要忽视现实而做没有准备的沟通。沟通就像我们处理难题，需要条分缕析。需要我们带着诚意认真思考，投入充足的时间，做充分的准备，使沟通完善。为此我们需要用心去听，并认真判断把握好时机。

最近关于沟通的故事有很多。我想不用我过多说明，大家也都能通过媒体了解到沟通的重要性。人总是要到了口渴的时候才知道要水喝，肚子饿了才想到要饭吃。因为沟通的不足，人们开始急切地强调沟通。虽然我也不希望这样，但事实如此。

沟通不足这件事，从某种意义上来说也许是一件很滑稽的事情。大家都在用智能手机吧？即使不用智能手机也会上网发邮件吧？打开电脑，点几次鼠标，按几次键盘，就能和别人沟通。在几乎所有的信息都可以在网上找到的时代，究竟为什么会有沟通不足的问题呢？

我认为是真假沟通导致的，或者说是浅层沟通和深层沟通的问题。人心的真假一般都用是否真心来区分。诚于中而形于外，一个人内心存有什么念头，他的外在总是会有所体现的。沟通的关键在于真心和真诚。如果我们真心想要和一个人沟通，有什么是不能做到的呢？

生活中，从来不曾真心的人很少，要做到时刻真诚也很难。就说我吧！有一天，正当我要结束一天工作的时候，突然来了一通电话。因为是急事，所以我接了电话。但是说实话，已经工作了一天，下班了还有人打电话来跟我谈工作的事，实在让人有些郁闷。我想那时我的声音听起来应该有些不耐烦吧！当时看见我打电话的女儿问我："怎么这么接电话啊？"为此，她"教训"了我将近30分钟，我并没有还嘴。

每天高声宣扬沟通的我也有无可奈何的时候。所以说，人就是明明知道有些事不应该做还是会去做。还有一种情况是，你表达了真心却没有得到好的回应。也许因为表达能力不够好或者方式不对，也许因为对方此时心情不好，总之对方并没有给予你所期待的回应。人心没有刻度表，到底什么时候是真心，什么时候是假意，真的很难区分。

所以，我认为为了做到真正的沟通，我们首先要真诚，其次就是要收起自己的保护壳。如果沟通不当的话，保护壳很有可能就在人和人之间竖起了一道墙。即使不愿意沟通，也请逼着自己尝试着

第一部分
拥堵的时代，需要敬听

去和别人沟通吧！如果仍像从前一样将沟通归为个人的事，能有个好结果固然很好，可是更多时候沟通不当会使我们失去很多机会和东西。也就是说，沟通非常重要。

沟通的起点在哪里呢？我已经强调了很多次——是敬听。

真假沟通

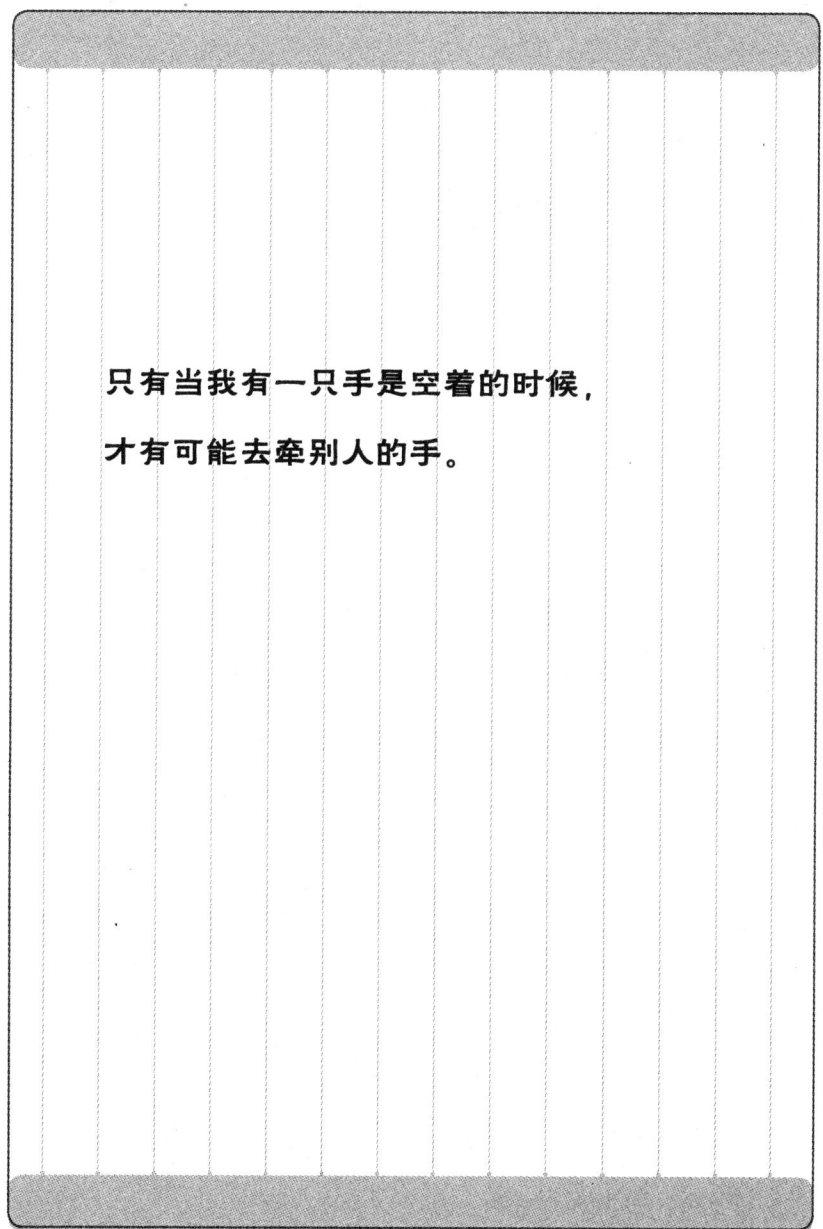

只有当我有一只手是空着的时候，
才有可能去牵别人的手。

> 第一部分
> 拥堵的时代，需要敬听

愉快，爽快，痛快

了解了敬听的必要性后，我们就能知道作为领导人，应该怎么做。从前评断市议会议员权威的标准是看他掌握多少权力和信息。因为掌握着市民们不知道的信息，他们可以根据需要一点点地公开或者歪曲这些信息从而树立自己的权威。

现在就不同了。由于那些该知道的情报市民们也都知道，所以仅凭持有信息已经无法再得到认可了。现在重要的不是利用已经人尽皆知的信息再次牵着大家的鼻子走，而是分析出这些信息中隐藏的内幕的能力。从前的领导人常会问："大家知道这个事实吗？"现在的领导人则会问："大家知道这件事的真正意义是什么吗？"**成为解说者，而不是传话者，是这个时代的领导者的任务。传话者**

只要将话传到即可,但想要成为解说者,就必须考虑听者的立场和水平,然后再进行沟通。

　　思考一下为什么我们需要敬听,我想我们就能看见领导力的方向了。在信息不对等的状况下,市民们只能是愚民,但是现在信息的仓库从密室变成了广场。从前不管领导者说什么,市民们都会点头说好,而现在人们会说:"据我所知不是这样的。"所以大家会理所当然地开始重视能够协调数万人意见的领导能力了。

　　在韩国,阻挡沟通的壁垒仍零星存在。受过去强调埋头苦干、经济急速增长的产业化余波影响,韩国的讨论风气还没有形成。很多人根本不知道什么是讨论,只会大声嚷嚷着说出自己的需求,这样的沟通如同对牛弹琴般,让人郁闷。在这种尴尬的状况下,我们要用敬听的姿态使讨论深入人心,并将真正的沟通哲学一步步地传递给所有人。这是这个时代中任何人都不可推卸的责任。

　　话题好像变得有些沉重了呢!其实沟通是一件很有趣的事情。试想,我说的话会被对方吸收转化并再次组合成为新的话语,这个过程本身就是一种游戏和创造。这种互动比单方面地说自己想说的话或听自己想听的话有趣多了。

第一部分
拥堵的时代，需要敬听

创意并不是只有科学家、发明家和天才们才具有。所谓天才，与其说是发明创造东西的人，不如说是用现有的东西完美组合出新东西的人。**创意是从畅所欲言开始的。自由地随心所欲地谈话，不受任何人的欺辱、无拘束的喜怒哀乐让人生别开生面。**希望每个人都能够享受这份朝气蓬勃的权利——来自敬听的礼物。只有我一个人快乐是独舞，所以我想把我的快乐分享给大家。

希望大家都能敬听，沟通，愉快，爽快，痛快！

愉快，爽快，痛快

仅仅为了实现自己的想法而做出的沟通，不过是华而不实的装饰品罢了。

第一部分
拥堵的时代，需要敬听

世人皆我师

　　我一直相信，三人行必有我师焉。当被问到自己的老师是谁时，你是不是常常会不知该说哪一个？因为身边的每一个人都有可能是你的老师。如果你回答"每个人都是我的老师"，对方会认为你是在敷衍他。其实不然，因为我们很难在众多老师中选出一位来：教会我怎么做人的人，教会我什么是真心的人，教会我该用什么方式沟通的人……

　　比如，教会我"比起结果人生更重要的是过程"这句话的人就是我在上京畿道高中时期的英语老师。他常说这样的话："要时刻带着感情活着！"他也常常用自己本就不多的工资来尽可能地帮助学生交学费。重要的不是给予多少，而是要时刻心存他人地活着，这个生活观念就是我在他那里学会的。

即使过着牢狱生活也可以期待明天。看着那些即使在绝望的处境下仍然坚强乐观地活着，将希望寄予明天的囚犯们，我明白了绝处逢生的道理。而教会我"学海无涯"这个道理的是一位正在学习法语的七旬老人，他就是宾夕法尼亚大学的人类学教授Mr. Bob。"比总统更重要的领导能力在这世上到处都可能存在"的道理，我则是向南海一个小村庄的村长学来的。"卓越的想象力和包容心能够换得世界"这个道理是我从赵英莱律师身上学到的。"有些事情即使看起来微不足道也值得我们拼上性命"的道理是我从性格耿直的奇人韩昌起先生身上学到的。再这么一一列举的话，大概一本书都不够写了吧！

在这之中最不可少的自然是我的父母。他们教会了我最重要的东西——面对社会的态度。我的父母连小学都没有读完，当了一辈子的农民。他们并没有很多的文化知识，但他们传授给我的智慧比任何人都多得多。

记得有一次，我和母亲一起睡觉的时候，母亲睡着睡着就开始有一句没一句地说梦话。我以为母亲身体不舒服，于是赶紧起身仔细听母亲说些什么，大家猜我母亲当时说的是什么？"那么多的人

第一部分
拥堵的时代，需要敬听

要怎么生活下去啊……要怎么生活下去啊……"母亲做梦都在担心其他人的生活。我们这个社会的领导人之中有几位能像我母亲一样做梦都在担心民生呢？

虽然我们家从前十分穷苦，但还是单独准备了一间客房，为的是收留那些无家可归的人们。虽然这会给家人带来一些不便，但我的父母从来都认为做这些事是应该的。并不是只有我的父母会这样。在那个年代大多数韩国人都不会只照顾自己的孩子，他们认为至少要努力使周围没有饿肚子的人才行。有一首《恨五百年》的民谣中写道，"如果没有同情心了，我会活不下去"，有这样想法的人在从前不在少数。

不知道从什么时候开始，我开始觉得只考虑"我们"的人生态度是理所当然的。我好奇这样的世界会变成什么样子，也在思考快乐到底源于什么。

刚进大学的时候，我为什么会喜欢鲁道夫·冯·耶林（Rudolf von Jhering）在《为权力而斗争》一书中讲到的"法律的目的是和平，但实现和平的过程是斗争"这句话呢？后来我作为一名人权律师，为什么热衷于组织市民运动与社会抗争呢？原因就是即使我明白正确明智地解决问题的做法，可还是没能那样做。除此之外，还因为我一直认为很多事情仅仅凭我一个人是完成不了的，需要由所有社会成员共同参与完成。现在当上了市长的我也还是一样。**在我看来，政治就是一颗对社会的奉献之心，也是一种即使自己淋雨也要为别人遮风挡雨的集体精神。**

我想我明白了为他人奉献的必要性，也明白了这个世界需要敬听。明白了这些道理以后，我想知道古代是否就有一些人很擅长敬听呢？为此我特意调查了一番，我想一定不能漏掉的就是世宗大王了。

第一部分
拥堵的时代，需要敬听

敬听不是指为了敷衍别人或者单纯为了不错过重要的情报而去听，而是指为了促进自己的成长去聆听别人的心声。

"大耳朵"（Big Ear）领导力

提起世宗大王，大家首先想到的就是韩国文字的创造者吧？而我却会想到别的。在韩国历朝皇帝中，世宗大王拥有最杰出的沟通能力，他能最大限度地利用大臣们和百姓的力量。许多学者都认可世宗大王是一位最懂得敬听的皇帝。我国最伟大的皇帝恰巧是一位沟通达人，而这只是巧合吗？伟大和善于沟通之间有什么联系吗？

世宗大王和朝鲜时代，不，应该说和任何时代的皇帝都不一样。他会认真听取每一个大臣的意见，而且每逢早朝都会单独召见反对自己的大臣，聆听他们的想法。大臣们讨论政事的时候，他会安排意见相左的大臣面对面辩论。世宗大王用这种方式掌握着整个朝廷的主导权，他认为只有放下身段，才能真正了解别人的想法。

第一部分
拥堵的时代，需要敬听

在早朝会议上，世宗大王不会将大臣们往自己希望的方向引导，而是向他们提出不同问题并等待他们的答案。世宗大王常常会问："爱卿们意下如何？""怎样做才最稳妥呢？""请爱卿们仔细讨论后再向我禀报吧！"世宗大王就是用这种方式引导大臣们积极参与讨论的。即使是小事，他也不会草率地做出决定，而是让大臣们讨论并综合他们的意见之后才做出决策。

如果有大臣顺从局势附和别人的意见，世宗大王会及时制止。即使有大臣始终都不赞同自己的想法，世宗大王也不会责备他们，反而会指责那些不敢进言、不参与讨论的大臣。

虽说现在的社会和平安稳，但是在很多方面却远远不如从前了。如今敢于在他人面前有什么说什么的人几乎绝迹了，或者说大家在沟通时变得不诚实了。

"我令你们讨论，就是让你们在互相辩论的同时将各自的想法说出来，可为什么你们对于六朝的事却都随声附和，不去积极地讨论呢？"（《世宗实录》）

仔细阅读《世宗实录》，我们就会发现世宗大王最重要的用人标准就是敢于大胆进言。

世宗大王上朝时的那种仔细态度和领导风范让我叹服。现在开会时，因某些人的讲话太长而导致会议气氛十分尴尬的现象很常见。口才好的人为了炫耀自己的学问而不停地发言，与会的其他人却感到十分无聊。我想世宗大王应该也遇到过类似的问题吧。为了应对那些说话滔滔不绝的大臣，世宗大王订立了一种制度，就是在一位大臣发言的时候安排其他大臣旁听，并且待其发言结束后旁听的大臣要当场提出意见。

世宗大王认为只听大臣的意见是不够的，还要听百姓的心声。在打仗之前，他会询问书生们该不该打仗，该投入几成兵力才最好。在一一阅读搜集来的百姓意见后，最终决定到底打不打仗。

世宗大王在土地改革时的举措最能体现其对敬听的重视程度。他对于废除腐败的土地制度，建立新的土地制度十分慎重，听取了很多人的意见。

"全罗道首领42名，村官、村民等29505名都表示赞同，观察使新开、督使金治名、首领12名和村官、村民等257名都表示反对……"（《世宗实录》）

| 第一部分
| 拥堵的时代,需要敬听

世宗大王采用这种一家一票的投票方式,足足进行了15年的访问调查,在一部分地区首先完成了土地改革。除此之外,在制定国家政策上听取百姓和大臣的意见的例子在《世宗实录》中数不胜数。所以,《世宗实录》中才会有描述世宗大王"乐于讨论"的句子。

坐在龙椅上,身为一国之君,既聪慧又知识渊博,这样的人肯去听别人的意见实在很难得。拥有出色领导能力的人很容易走上专制独断的路。这样的人一般都会乐此不疲地用自己能想到的最复杂的话来强化存在感。但是拥有最高诚意的世宗大王却能够放低自己的姿态,为了做出最明智、最正确的判断而少说多听。

世宗大王实在是很伟大吧,尤其是在那样的君主专制时代。创造韩文、测雨器、仰釜日晷、自鸣漏壶,等等,这些伟大的发明连同四郡六镇的开拓、大马岛讨伐等功绩应该都是敬听带来的成果吧!我想世宗大王如韩文之于韩国般重要的一生留给后世的训导,应该就是:并不是任何人都能做世宗大王那样伟大的君王,当然我也不能,因为我没有那样开明的思想。但是我们任何人都可以学习世宗大王的精神,像世宗大王一样,学会敬听。

不论是领导者还是追随者，想要在自己的位置上真正实现自身价值应该怎么做呢？在我看来，最需要的就是具备能准确了解自己所处的时代这项能力。

> **第一部分**
> 拥堵的时代，需要敬听

敬听的10个原则

前面我谈到为什么要敬听，现在我要说明一下具体该怎么做到敬听。我要讲的敬听的原则其实没有多么特别，并不是我的独创。这些原则并不像九九乘法表，人们只要背下来就会用了，重要的是怎样将这些原则带入自己的生活，并按照自己的方式付诸实践，从而将它变成自己的财富。

很多有关沟通的书会教你一些具体的沟通姿势和语言，比如：身体要向前倾斜；用合适的语言去敲边鼓，等等。当然知道这些小技巧是很好的，但更重要的是用心。如果读完这些书仍不知道如何敬听，那么请你向自己提问吧！别人用什么样的态度听你说话你会觉得开心呢？对方要有什么样的反应，怎样回答你，怎样与你产生共鸣你才会有满足感呢？从现在开始回忆你人生中无数的对话片段，我想你会从中找出答案的。

原则一　品味话语

读者中应该有喜欢喝酒的人吧？不好的酒无非就是让人牛饮之后大醉一次，但好酒却是入口香甜，耐人品味的。但是总有些人好酒坏酒不分，只管拿起酒杯就喝，这种人其实算不上会喝酒。说话的道理也是一样的，有些话会让人回味无穷，那种味道或甜或苦。

沟通并不是指单纯的情报互换。从前，站在电话亭打电话时人们可不是寥寥几句就结束通话的。现今信息越来越多，人们也不再只是为了交换情报而沟通。有时候聊八卦或是只顾怨天尤人，说话的人甚至会把最重要的事忘掉。

不是有句话叫"挑重点说"吗？这句话并不适用于人们之间的沟通。有人说韩语是需要听到最后才能听懂的语言，我希望大家不要大致听了别人几句话后就认为已经听懂了，而是要耐心地、认真地将对方的话听完，重要的是要让对方有想要对你倾诉的感觉。

所以做到敬听需从培养耐心开始。当自己正好在忙某件事而没

第一部分
拥堵的时代，需要敬听

时间听对方说话时，也就谈不上认真聆听了。有时候即使说话者讲了一大堆的前提，也请聆听者耐心等待。因为不能理解对方想对自己说心里话的真心而表现得心不在焉，导致对方没能一吐为快，这样的对话会是成功的沟通吗？

地位高、年纪大的人对下属、对年轻人说话时尤其要注意这些问题。如果有下属肯对自己诉说心声，你要怀着感恩的心对待他们。下属好不容易鼓起勇气跟上司谈心，上司却不认真听，我想这位下属可能再也不会这样做了吧。像这种找上门的沟通机会我们怎么能拒之门外呢？

我去市场考察时，总会有一些市民因见到市长很激动，踊跃地向我反映他们的问题。虽说我每天的工作相当繁忙，但我仍觉得应该好好回应市民们急切的要求。所以我每次都会认真听完他们说的话，即使有时他们说得没有重点，或者有时候我压根儿听不懂他们在说什么。然而这不是最重要的，最重要的是能给市民们一个和市长沟通的机会，让他们知道市长也是愿意听市民们讲话的。韩国有句俗话说："皇帝的耳朵是驴耳朵。"意思是百姓的心声根本无法向皇帝传达。由此看来，自古以来韩国百姓都是很渴望将自己的话说给执政者听的。

原则二 将敬听制度化

之前我已经多次提到，有的时候即使真心想听别人说话，也有可能因为客观因素无法做到敬听。这些客观因素有很多，比如，身体的疲惫，同时有好几个人跟你说话而导致你没有办法集中精力等。疏于沟通又想要补救，这时我们就需要成千上万只敬听的耳朵来帮助自己。基于这些，我认为我们必须将敬听制度化。

说起"制度"这个词，也许很多人会把它想得很宏大。其实将听到的话及时记录下来就已经是一个很伟大的制度了。怎么记录呢？人们常说只有认真听才能好好记，我想认真听就是一个不错的制度。思考具体怎样做到敬听，然后同自己订下一个约定来督促自己，这也是一个制度。

在首尔，我必须敬听一千万市民的心声，所以我尝试建立了很多像听策讨论会之类的敬听制度。关于这些敬听制度，我将在后文中具体介绍。这样的听策讨论绝对不是领导讲几条重点就匆匆结束的。我们为什么要敬听呢？对首尔市的公务员们来说，当然是为了搜集市民的意见再向首尔市政府反映了。也就是说，我们在建立制度时需要先思考敬听的理由，再建立和这个根本理由相联结的制度。

> 第一部分
> 拥堵的时代，需要敬听

如果做不到这一点，所有的制度充其量也就是装装样子罢了，根本解决不了实际问题。就首尔来说，反映市民意见就是为了能够让市民参与到政府决策的过程中来。从前首尔也有很多尊重市民意志而施行的政策，政府遵从市民的意志行动是理所应当的。这些政策的施行效果如何呢？恐怕政府根据公务员们的判断而做决定的时候会更多吧。在首尔，往往是公务员们做好决定之后再通知市民，而市政府一直自欺欺人地认为这就是和市民们的沟通。

很多人一直错把说明当作沟通。但事实上，说明是单方面地"说"，而不包含"听"的概念。不论是单方面地"说"还是"听"都不能称作沟通。公布已经决定好了的事情，那么听者就会觉得自己再无话可说。因为听者没有参与事情的决定过程，所以即使谈也只能谈表层问题。所以说，听者以什么样的角色参与沟通是很重要的。一开始就在虚设的前提下，或者用说明的方式沟通，这和真正的沟通有着本质上的差异。

当然就公务员的立场来说，这样可能会更辛苦。从前他们只要自己同意就行了，而现在则需要考虑市民们的立场。制订计划也会更耗时。但是只有真正的沟通才能让事情朝着市民们希望的方向发展，难道不是吗？

原则三 不带偏见地敬听

不带偏见地敬听就是打开心扉去听的意思。也就是说，不要带着先入为主的观念去听别人的话。如何对待自己的固有观念其实是一件很棘手的事。鱼缸越大，鱼自然就越多。如果我从一开始就对一个人有了先入为主的评价，我便会不自觉地带着偏见去听这个人说话。"那个人本来就是一个很无聊的人，他说的话应该也没什么意思""那个领域的事情我很了解了，没有必要再仔细听别人讲了"之类的想法会使自己错过很多很有价值的话。这样的想法会让人停滞不前，没有进步。

什么是"知道"，什么是"做过"呢？世界上有很多事情是不能凭借自己的经验断定的，因为这个世界充满变数。世界是多么复杂，人自身又是多么复杂，在那么多可能性中，我知道一两种就代表知道了全部吗？就能预测出所有结果吗？持有这样的想法的人，实在是太妄自尊大了。

如果我常常不自觉地自行判断一件事，我该提醒自己什么呢？"可能我最近有些疏于学习了吧！"要这样想才行。真理是越挖掘越复杂，学习也是越学到后来就越难。人们常常有自己什么都懂的错觉，这是因为知识储备不够丰富。历史上有无数领袖人物由于跳

第一部分
拥堵的时代，需要敬听

不出傲慢的局限而做出了错误的选择，结果这些选择给自己领导的集团带来了不可估量的损失。相信自己独特的眼光并自信地发挥领导能力是一件好事，但是同时领导人也需要谦虚，越是自己擅长的领域，越要多听听别人的意见。

在听了别人的意见之后，还要懂得放下固执，择善而从。如果只听几句，或者还没听完对方的话就嫌对方话多，如此自己的想法永远无法得到改进。一直这样故步自封的话，能说服自己的人会慢慢变少，最终自己也会深陷孤独之中。就算是为了使自己不孤独，也请大家用心敬听他人吧！

原则四 有效率地敬听

既然听，就要好好地去听，不是吗？**我喜欢的讨论方式是在合理的范围内"全力以赴"。我希望大家能够毫不隐瞒地、不必害怕人声嘈杂地去尽情讨论。**十分需要某人的话，无论如何也要请那个人来参加讨论。所有人能够聚在一起尽情发表自己的想法，我相信一件事中存在的问题和解决方案很快就能找出来。

换句话说，就是尽量让自己能听到所有人的意见。我们需要发现那些肯对这个问题积极发言的人。而让大家积极发言，重要的是首先调节气氛让参与者们活跃起来。其次是要清楚自己想听的是什么，重点有哪些。

首尔市副市长制度就是为了促进有效敬听而建立起来的。副市长的职责是充分调动广大民众，使其参与到政治活动中来，并结合副市长的工作职权，最终做出合适的发言与行动。副市长将找出市民的意愿同市长施政行为的结果之间的差距，真正替广大市民说话。

敬听的时间越长，工作就会越有效率。最近首尔市政府为了一个决策而召开几十次甚至上百次的会议。并不是做决策的审批程序变复杂了，而是参与决策的人增多了。从前只需要由在市厅里任职的几名职员决定的事情，现在需要市民和专家们全部参与进来共同决策。刚开始的时候，因为决策过程变长，政府工作可能会显得没有效率。其实不然，因为如果随随便便做出决策的话，之后的工作一旦出了问题，解决起来反而更麻烦。在充分协议之后再行动会顺手得多，也就可以保证结果不会有太大的偏差了。也正因为所有事情都是经过充分思考讨论之后再做决定，所以各项工作自然会一气呵成。如果政府每个决策的制定都能如此的话，相信以前常见的工作问题和矛盾自然就会减少了。所以最近我经常听到很多人对我说首尔市变得比从前"安静"多了。

第一部分
拥堵的时代，需要敬听

原则五 学会敬听反对者的意见

每个人都有自己的立场和想法。一件事有赞成的人，自然也就会有反对的人。这个道理谁都懂得，但是现实生活中遇见反对自己的人，很多人做不到坦然面对。多读书明理，也许我们就能首先让自己分清什么是"不同"，什么是"反对"。有人反对自己坚信的事情，我们该如何回应呢？一般情况下，人会下意识地变得很情绪化，甚至会质疑对方的人品，对自己的主张产生强烈的保护欲，或者会觉得对方成心找碴儿而避开他们。其实最不明智的选择就是躲避：只听奉承话，然后顺理成章地接受掌声并满足于此。

如今我们社会中许多矛盾和失误的产生都源于我们对与自己无关的世界的漠不关心。很多时候我们选择不承认或直接无视与自己不同的声音。这最终导致双方拉帮结派，互相争吵、拆台，错过了沟通的时机，也忘记了最初的目标。

首尔市有一个叫"充分商议"的制度：政府会聚集很多对某件事持反对意见或赞成意见的人，并让他们一起讨论。比如，关于"到底是筑堤修渠分流泄洪，还是建立城市雨水循环系统来解决问题"，市民们争执的意见不相上下。那时我们将双方代表叫到市长办公室，让他们面对面地进行辩论。一段时间的辩论之后，最终我们听取了理由更充分一方的意见。担任最终决策者的我在无法做出准确的判断，或是不确定自己的判断正确与否时，经常运用"充分商议"这个制度。

如果只是将有着相同观点的人聚集到一起，让他们相互肯定、鼓掌，只能让事情越来越糟；将意见不同的人们聚到一起，"分歧""冲突"也就不可避免了。也许这样做会让人暂时痛苦，但是经历了这个对峙过程，我们通常会选择正确的方向并圆满地解决问题，起码从首尔市的例子来看是这样的。

在我办公室的电脑里有一个叫作"逆耳话"的文件。在这个文件里装满了我做错事时人们对我的指责与批评之语，这个文件就是一条激励我前进的鞭子。大家认为我是因为记仇或者想要以后报复别人才搜集这些材料的吗？其实我是为了用这些话来约束自己，故而搜集起来方便自己翻阅的。我还曾请很多专家来评价首尔市的政策，并且特意向他们强调不要光说好话，即使鸡蛋里挑骨头也要说出些不足才行。我认为这是一条使我每一步都走得更稳健的捷径。

当上市长以后，我叫人在政府大楼门口竖起了一个叫作"喂，你好"的模型，这是一个为了敬听市民的心声而设立的巨大的耳朵模型。人们只要对着这只耳朵说话，说话的内容就能真地被传达到

第一部分
拥堵的时代，需要敬听

相关的部门去。很不幸的是，这个模型被一个市民用车撞坏了。这个市民后来解释说是因为不满意首尔市的政策才这样做的。

我听到这个消息之后命令大家绝对不要去修理这个被撞坏了的模型，而是将这个模型被撞坏的原因和我将会更努力做到敬听写在了上面。我主张的敬听态度，就是连被车撞的声音也能敬听才行。最强烈的反对也许代表着另一种肯定。

我让人不要修理模型，或许很多人会觉得我是在伪装成"正人君子"，毕竟站在首尔市政府的立场，这并不是什么值得骄傲的事。我也是人，我精心准备的事情，当然希望能够得到大家的肯定。遭到其他人的反驳，说实话我的确备感压力。但又能怎么办呢？我一直坚信这件事是对的，从另一个角度来看也许是我自己有问题。那么我就更努力地敬听！好在那位市民所担心的问题得到了妥善的解决，这件事以后我的市长之路更加平坦了。

还有一个必须铭记的事情就是：**不管别人反对或赞成，我们都要理智地判断提意见的人是否真的在设身处地认真讨论**。我们要学会认清那些带着意图或是为了反对而反对，怀有不明目的的恶意的人，还有那些有计划地接近自己的人。当然要真正分清这些其实是很难的。答案还是一样，无论如何，我们首先要做的是敬听。

原则六 不要害怕沟通

有时候我们会有些害怕和别人沟通。比如，当对方正在气头上时，或者根本没有人肯相信自己时，对话的道路也许会变得拥堵不畅。在对话和讨论的旋涡之中，有时候可能要用斥责和武力来解决问题。特别是矛盾激化时，对话显然已经不能解决问题了，继续放任事情发展只会加深双方的误会。这时候，或许我们需要强制。

首尔市也曾经有过这种民怨和矛盾激化的时候。仅仅是我任职之后，首尔市就有好几次乱成了一团：赞成和反对建立新城的矛盾、龙山国际商业区的矛盾、木洞棒球场的噪声问题，等等。诸如此类的问题还有很多。就最近来说也有很多问题，比如，奥迪修配车间建筑问题、在公路绿化建设问题上汝矣岛市民们的抗议，等等。

在对待这些问题上，如果我放任不管或者随便处理的话，问题只会越闹越大，最后变得一发不可收拾或导致另一个更大的问题接踵而至。龙山市民撤出原居住地的恶性事件就是一个典型的例子。

在发生这类事件的时候，我们要正确把握事态方向并努力尝试沟通，尽可能去敬听对方的心声，从而提出一个完整的解决方案。

第一部分
拥堵的时代,需要敬听

如果事情关系重大,则需要最高领导亲自和当事者谈判,并努力获得当事者的信任。但是毕竟这么做还是有很大危险性的,所以政府官员不到万不得已不会直接参与事件。但是以我的经验来看,能够真正走到人民群众之中敬听所有的不满和抗议,最容易促使事情圆满解决,更重要的是执政者能够获得民众的信任。

平日里很难见到的市长,亲自来听我们说话并认真做记录、思考解决方案。在这样努力的情形下,有什么不满和矛盾是不能解决的呢?是的,我们要记住信任和沟通往往需要宽容之心。

原则七 为了赢得信任,有时候需要请求别人的原谅

敬听了对方的心声之后,在事情解决前我们有必要"收买"对方的心,只有这样才能让对方向自己敞开心扉。想要化解对方的不满、不信任、愤怒和委屈,比做什么更重要的是先将真诚的态度展示给对方看。而将真诚的态度展示给对方看的方法就是毫不掩饰自己的错误。

其实,作为首尔市长,承认自己在施政方面的错误并不容易。因为有很多法律方面的错误,一旦承认很有可能会引官司上身,也会使很多公务员的威风扫地,颜面尽失。但是我们还是先不去想法

律上的可能后果，我们关心的是如何解决那些由于政府行政部门的过失而心存不满的民众的问题，如何安慰饱受痛苦的人们的心灵。龙山国际商业区的问题是这样，建设新城区的问题也是这样。为了能够做到真正的敬听和沟通，我们需要先将自己的主张放一放，有时候需要勇敢承认自己的错误并真诚地请求别人原谅。

原则八　切切实实地去听

大家看我Facebook里的文章就会发现标点符号中除了句号，我最常使用的就是问号。我一直认为人是需要常常发问的。倘若我强行下了定论，周围的人是不会多说什么的。只有我们首先打开心门欢迎大家，其他人才会走进我们的内心。

只有体会到了敬听的必要性的人才能真正做到敬听。教人如何真正沟通的哲学十分重要，我们要知道如何通过沟通去收获知识，并且时刻准备着迎接新的事物。听说响尾蛇能够听见十里之外的响尾蛇同伴的声音，想要活下去的迫切渴望让它们拥有令人难以置信的听力。如果迫切地想听，宇宙之外的声音也能听见；如果不想听，哪怕身边敲锣打鼓可能也听不见。

虽然我的英语不算太好，但是我并不害怕用英语对话，我的英语水平就是生存英语，也就是最实用的英语。即使学了十年二十年英语，和外国人用英语交流时，我们仍然会怯场。原因在于一开始学英语的时候，我们的目标就不是能够用英语沟通。为了用英语沟通而学和为了拿高分而学，两类人最后的英语水平会有很大差距。学好英语的秘诀就是对沟通的渴望，大家知道吗？

原则九 信任说话的人

哲学家张新周先生曾经说过："沟通就是爱。"这句话可以从很多个层面去分析，而我的理解是：如果你像信任爱人一样相信对方，那么一定能够用心与对方交流。很多人都是因为相爱而沟通，有时候我们也需要为了沟通而相爱。

人一旦有了疑心就再也无法敞开心扉了，会不停地问自己："那个人对我说的话是对的吗？"想要和对方沟通，并且确定了对方也想沟通之后，我们需要相信彼此，认真敬听对方的话而不是心存怀疑。否则，沟通就会变得没有意义，不过是浪费大家的时间罢了。

身为首尔市长，我比任何人都更要信任首尔市民。相信首尔市民就是相信集体的力量，同时也是尊重日常生活的体现。这世上有的人尊重金钱，有的人尊重书籍，但是在我看来，任何个人、事物都不如集体、日常生活的力量来得强大。市民们在社会中日复一日地过着平凡的生活，他们是比任何人都更了解社会的专家。

2001年上映了一部名叫《律政俏佳人》的好莱坞著名电影。这是一部歌剧式的电影，讲述的是一个从来不学习、每天玩乐的女孩通过自己的努力考入哈佛大学法学系，之后解决了各种各样的法律案件的故事。其中，有意思的是女主人公破解案件的过程。女主人公能够胜诉不是靠渊博的法律知识，而是以前的经历和见闻给了她破案的启发。这部电影告诉了我们比书本知识更强大的力量是什么。

如果你真的相信一个人，即使他不开口你也会为了他而有所行动。在那份信任之下，我们会自发地带着诚意地做每一件事。市民们的智慧就一定比不上学者们和专家们吗？城市计划中并不需要深奥的词汇，反而是生活在社会中的普通民众对未来的考虑会更周全。更重要的是，他们能够制订出更富有现实意义的计划。

原则十　发掘价值

我是一个记录狂。记录和做笔记是不同的。能把所有听见的话都听进去不算什么，关键是要在听的同时做出自己的判断。我们要经常思考自己的经验和新的情报之间的交点。**讨论并不是单方面地**

第一部分
拥堵的时代,需要敬听

聆听,而是要平衡自己的理性和感性并将事情引导到正确的方向。这是人类的本能,不是吗?追求未知的可能性并进行革命的动物就是人类。

那个人究竟为什么会说些不相关的话呢?这样想问题,我们就更没有什么可说的了。实际上,现在看来他的话似乎和论题没有关系,但是要将两者联系起来,我们需要有怎样的想象力呢?这些问题我们都要去思考。即使我们听到了不符合现实的意见,也不要不理会,换个角度思考,说不定对方的话能给我们新的创意。在听的同时,一方面我们要去理解对方的话,另一方面我们要发掘它的价值。

身为市长,我不能将听到的所有市民的意见都采纳。因为并不是所有市民提出的意见和要求都是正当合理的,另外我们还需要考虑预算和制度的限制。但是多听几次,我们就能知道对方为什么会这样说了,也就是"话听百遍,其义自见"。治病要除根,只往伤口上擦药是治标不治本的。要想根治疾病首先得了解患者的体质,有时还需要想办法治疗对方的心病才行,政治上也是一样。敬听能够指引你找到事情的核心,只有这样做,才能了解对方的意愿,从而真正解决问题。

做事要脚踏实地，而思想则要天马行空。当你做那样的梦的时候，职责和条件之类的东西并不那么重要。

第一部分
拥堵的时代,需要敬听

敬听 2.0:用沟通去吃饭,去软化自己,去学会合作

到目前为止,我向大家讲述了我对沟通的看法。**我认为我们必须放下虚伪的沟通和仅仅为了提出自己的意见而做的沟通,还有被称作"沟通"的"说明"。我们需要的是一个懂得为了自己而去聆听他人心声的社会,而我也坚信敬听的的确确能够改变我们的社会。**如果说之前我一直在强调单方面的沟通或是敬听,那么现在本书内容将推进至强调互动的"敬听二号计划"。

电脑系统版本很低,软件运行的速度和效率也会低。同样,过去首尔市政府实行了"敬听一号计划"也是如此。由于政府和市民的沟通不畅导致市民的生活变得日渐无趣和被动,政治离市民越来越远,矛盾和冲突则是日渐升级。在实行升级版的"敬听二号计

敬听 2.0：用沟通去吃饭，去软化自己，去学会合作

划"之前，我们需要加深对沟通的认识。

沟通就是金钱，就是粮食，就是职业。通过敬听，我们可以实现革新换代。我看到大前研一的3C（company公司，competitor竞争者，customer顾客）战略之后，制订了我自己的"朴元淳3C计划"（communication沟通，collaboration合作，creativeness创造力）。这其中最重要的当然还是沟通。解决任何问题的过程中都需要沟通，可是很多人认为沟通固然好，却不能当钱花，不能当饭吃，不是职业，从而贪图眼前利益不去花时间沟通。

我想来讲讲近些年的经济强国、国家的富有程度得到全世界瞩目的德国的故事。在德国的第七大城市多特蒙德，20世纪90年代末期由于大型钢铁公司蒂森克房伯搬迁至中国而引发了这个城市的危机。蒂森克房伯的3万名员工一起罢工，整个城市因为市民示威而陷入瘫痪。煞费苦心的多特蒙德市长为了制造与市民沟通的机会，开始了一周一次的市民沟通活动。十多年过去了，多特蒙德市创造了7万个岗位，成为了一个以IT、纳米技术、物流、电动车、生物技术等尖端产业为主的一线城市。沟通使得这个城市的经济得以恢复，为这个城市创造了奇迹。

这和我强调公共经济的理由也是相通的。公共经济是一种低耗

第一部分
拥堵的时代,需要敬听

能、高效率的进步型经济理念,核心意思是将各自拥有的能源共同分享并回收利用。可以说公共经济是一个没有缺点的经济政策。举例来说,如果将1000户人家富余的房子转为公用的话,能够节约大概50套房子和20座建筑,如此便能减少不必要的浪费和消费,也能起到保护环境的作用。

持续的共有和分享,对于分享者也是有好处的。共享信息、共享知识、共享才能,本来有限的信息、知识、才能会被无限地扩大。众人拾柴火焰高,这么好的观念为什么没能得到广泛推广呢?因为共享是需要沟通和信任的。毫不吝啬地将自己的东西分享给别人,并给予对方朋友般的信任才能实现公共经济。

回想一下德国的例子,在世界经历危机之时,这个国家为我们展现了大家风范。领导能力极强的德国总理安格拉·默克尔对韩国社会的影响最为深远。安格拉·默克尔总理有一句至理名言:"要接近朋友,更要敢于接近敌人。"依据这句富含哲理的名言,她与所有的进步派和保守派、富人和穷人、青年和老人等全体国民进行沟通,并拉近了全体国民的心。德国统一以后,经历了社会矛盾和经济困难造成的痛苦的德国国民将安格拉·默克尔总理称为"德国之母"。安格拉·默克尔总理向我们展现了什么是信任成就政治。

敬听 2.0：用沟通去吃饭，去软化自己，去学会合作

现在这个时代不正需要这样的领导力吗？并不是利用权力去实现自己的想法而是用心敬听所有人的心声，将这些人的意见综合成一个方案，统一大家的思想才是核心。

为了建立和谐安稳的社会，我们就不能束缚自己的思想。首尔市政府在有关犯罪量刑的问题上非常注重集思广益。首尔已经是一个国际大都市，无数的外国人来到这个城市，但是我们的法律、政治举措只针对首尔市民，或者我们忽略了为数不少的外国人的存在，我想这种做法是不切实际的。

基于这个认识，我会见了一些外国留学生。其实很早以前，我就一直想要见见外国留学生。在首尔有超过两万名中国留学生。只是看看这些数据和统计，我就已经觉得一定要照顾到他们的感受才行。但并不是每一件在脑子里想好的事最终都能实践。最后终于有一个契机让我见到了他们。

我收拾了自己在麻浦的市长办公室中的东西，然后去西江大学的宿舍留宿一夜。在宿舍睡觉的时候，我发现外国留学生真的很多，与我的大学生活完全不同。我也深深体会到的的确确有很多外国留学生生活在首尔这片土地上。这种感觉和我看图表数据时的感觉很不一样，而这次经历也成为了我之后亲自接见中国留学生、菲

第一部分
拥堵的时代,需要敬听

律宾留学生并敬听他们的烦恼,思考首尔市该为他们做些什么的契机。沟通就是要像这样不停地向外扩展。

自古以来,伟大的文明都是不同的文化互相碰撞出的火花。在新罗统一时代就有像慧初大师这样为了传播文化而不远千里,穿越沙漠和山脉远渡他国的人。而现在又是多元文化的时代,如果在首尔能够实现各种文化的交流、包容并蓄、真正融合,该有多好啊!

眼睛要睁开才能看见东西，而耳朵却是一直打开着的。所以人们很容易误以为周边只要有人说话就能听见。其实，耳朵也是要打开才能听得见的。

› **第一部分**
  拥堵的时代，需要敬听

消灭心中之火的消防员

我想要成为灭火的消防员。**眼睛能看见的火可以用水扑灭，而心中之火则只有用沟通来扑灭。我所说的心中之火指的不是心中的热情之火，而是指不平等、不安、不平、不满的情绪。无数人的心灵正在饱受痛苦的折磨，而这正是心中之火导致的。**

首尔对韩国来说是一个具有特别意义的都市，所以它才会被称为首尔特别市。仔细推敲这句话，你就会发现首尔其实是一个同时带有极致的明和暗的都市。急剧增长的经济带来的华丽感在首尔体现得淋漓尽致，但同时首尔也是一个政治跟不上经济步伐、沟通不畅等文化滞后现象非常突出的城市。心中之火熊熊燃烧的地方正是首尔，到现在为止在首尔有过多少矛盾，又有多少人饱受痛苦的折磨呢?

现在该是还给首尔市民一个真正幸福的家园的时候了,而我们首先要做的就是让市民开口说话。有一句古话说:"防民之口,甚于防川。"这句话的意思是堵住百姓们的嘴比堵住洪水还要难。我们吸取前辈的经验,总结出来了一句话叫作"以通安民",也就是以沟通来给市民一个安稳的生活的意思。这句话是我执政的秘密武器。

我一直将能够还给市民一个幸福家园当作比我的性命还重要的使命。下面我来向大家介绍一下首尔市无数的沟通窗口和成果,虽然这些成果本身也很重要,但是更重要的是过程。只要能够让市民敢于主动站出来为自己说话,能让每一个公务员做到认真敬听人民群众的声音,我愿意做任何尝试。

我相信这件事情如果做成的话,我会得到比预想大得多的成果。吃苹果的时候,我们掰开苹果就能知道这个苹果有几颗籽,但是把种子种在地里面,它日后能结出多少个苹果,却是我们无从知晓的。

敬听就像一颗埋进地里的种子,你永远不知道它能结出多少果实。

第一部分
拥堵的时代,需要敬听

"生活在大都市的人们要学会和别人坦率地交流,逃避沟通的人,最终会被这个社会疏远。当你成为城市的主人并和别人进行真正的沟通时,你就有了改变城市的力量。我们要将首尔建设成现实化的像神话里阿古拉之城一样的城市,必须克服网络时代给我们带来的不适应并改变这个社会,从而建设更美好的家园,过上更幸福的生活。"(刘昌周《沟通之城》)

无论怎么听而不闻、视而不见,该来的事最终还是会来。光明会将夜晚对比得更加黑暗,春天会将冬天衬托得更加严寒。想要去沟通,需要去沟通,却有很多东西阻拦着而让我们看不见希望,即使这样也请不要对自己失望!因为我相信在不久的将来,沟通的时代一定会到来。在这个时代里,每一次沟通尝试都会使我们不再孤单。请大家不要再犹豫,现在就开始沟通吧!

第二部分
如何敬听，敬听又能换来些什么

第二部分
如何敬听，敬听又能换来些什么

如何用心地敬听

我前面提到了要将敬听制度化。人心其实是很容易动摇的。不管是出于激励还是防范，我们都需要借助约定的力量来约束自己。我认为敬听制度化的作用就在于，能够在客观原因导致我想堵上耳朵不去听的时候，保证沟通的意义和价值；在周围声音十分嘈杂时，让自己仍然保持认真敬听的决心。

制度化也是实现平等化过程中的一个基石，因为它能够给每一个人平等的发言机会，让我们即使在领导人面前也敢于为自己发言。这世界上有的人轻轻咳嗽一声就能引起很大反响，相反地，也有些人到死都没能为自己说上一句话。像这后一种人，执政者就要主动找到他们并主动敬听他们的声音。

如何用心地敬听

在敬听的同时，还要给另一方说话的机会。只顾及一方的感受，自然会有人不满。有人认为我只注重福利问题，因而质疑我能否解决治安问题。当然我明白，在解决好福利问题的同时，也要解决好治安问题。也许很多人都不知道，韩国现在有很多文化政治活动是专门为退伍军人准备的，首尔也是这样。当然这些文化政治活动之中包括报勋听策讨论会（讨论有关对爱国者及退役军人进行表扬或提供补偿等事宜）。

所有人都能开口讲话，也就意味着所有人都能成为诚实的人了。再优秀的领导人也不可能单凭个人的力量完成所有事情。从前我做市民团体工作的时候，因为当时的团体也不算太大，所以我常常会开玩笑说连一粒米都能顾及才行。但是首尔市可比市民团体大得多！我不可能事事亲为，当然我不得不承认有很多事情是我根本不懂的。这些我没有顾及的或是我不懂的事情就需要由市民们帮我完成了。

优秀集体中的每一个成员都相信自己是这个集体的主人。如果集体努力的成果都被上司们抢了去，以后谁还会努力做事呢？其实一直以来，首尔市政府工作人员明白这个道理，只不过缺乏实际行动来使市民成为城市真正的主人。公司或是社团不能持续运作，最

| 第二部分
| 如何敬听，敬听又能换来些什么

终就一定会灭亡，可是首尔市政府工作人员即使不付诸实际行动也不会造成这个城市的灭亡。但是可以肯定的是，继续这样下去，首尔市民的生活一定会越来越艰难。首尔市政府造成的后果需要每一个市民来承担，这也就是所有政府工作人员都在积极努力改变现状的原因。

我希望我所制定的每一项政策都能促使市民成为城市真正的主人并推动首尔市的发展。虽然目前还有很多不足，但是我认为这是重要而有意义的事情。我更坚定不移地相信，沟通最终会改变市民的生活并提高他们的生活质量。

制度是可以根据不同的环境而以不同的形态呈现的。为了能更好地敬听而特意定下的一些条例，也许大家刚开始会觉得有些不理解。下面我就来为大家介绍首尔市的一些条例。当然我说的是自己的探索，并不是要让大家都按照我的这种模式去做。首尔是一个面积广大又有着很多故事的地方，所以我需要用形态多样化的制度来管理这里。

我想让大家看到这些制度背后的我的真心。如果一定要我用一个词来衡量敬听的效果，我会选择"满意度"这个词。我想影响政治政策制定的因素中，市民意见的比重就能够代表市民的满意度。

如何用心地敬听

是的，我想要敬听市民们的心声，为什么我会去敬听市民们的心声呢？是为了将人们的心声融入到政策之中。为什么市民们总是不愿意将自己的心声说给公务员或者官员们听呢？原因就是他们已经听过太多类似于"不可以""不太可能"这样的回答了。

读者们读到现在，如果对我说的敬听系统还有什么不明白的地方，我想应该就是如何衡量敬听的效果吧。**在说完话之后，听者给我们的回应很重要。而装出一副认真敬听的姿态，说话者却丝毫感受不到听者的诚意，这种情况下是无法真正进行沟通的。**

首先要去听，将听到的话作为行动的基础。我在确定了自己需要怎样的回应以后，发明了很多沟通工具。当上市长后，我重新规划了首尔市的组织结构图。在我的组织结构图里最顶层的就是市民们。我施政的最重要的工具就是"真心"。而且我知道在这个工具之中有许多有用的装置，我期待这些装置能帮助传递我的真心，首尔市为敬听而设立的条例能够越来越多。

第二部分
如何敬听，敬听又能换来些什么

在这种为难的状况下，我们要用敬听的姿态使讨论深入人心，并将真正的沟通哲学一步步地传递给所有人。这是这个时代中任何人都不可推卸的责任。

生硬的行政用语，现在再见吧
行政用语的改善

"你真是一副公务员作派"，大家认为这是句好话还是坏话呢？虽然这样问可能有些对不起那些默默为大家奉献的公务员们，但是在我看来这并不是一句夸赞人的话。为什么这么说呢？用最流行的解释来说就是公务员们肩上担着很重的责任，再加上工作繁重，导致他们总是显得不亲民。起码到现在为止是这样的。

要想从根本上消除市民对公务员的不信任，并使得市民和公务员关系亲密，我们首先要做的就是搬开横在他们之间的大石头。实现宏伟的目标要从小事做起才不会令人疲惫。所以，在公务员与市民的沟通问题上，我首先思考了语言方面的问题。首尔市的公务员们虽然一直在尝试和市民沟通，但是他们沟通时的表情和用语却十

| 第二部分
如何敬听，敬听又能换来些什么

分生硬、老套，不是吗？

语言的力量永远比我们想象的要强大。比如，我们在和长辈通电话的时候，即使那位长辈不在自己面前，我们的态度也会十分的谦恭。其实那个时候我们尊敬的不是那位长辈，而是他的话语。谈话时，轻松有趣的话题让人的心情变得轻松，对方语气亲切的话，回答也会变得十分亲切。

韩国有这样一句俗语："用敬语的崔先生不同于发话的金先生，他说话时总是低着头。"就像这句话说的，语言的变化其实是态度的一种转变。是为了方便谁而创建的语言呢？是站在谁的立场上写的文章呢？从前创造的行政用语都是为了行政工作人员的便利。我认为首尔市的行政用语，其主人必须换成市民们。

从前写通知的时候，大家使用的永远只是生硬的几句话，比如"星期一闭馆""禁止钓鱼"之类的。而现在我要求都换成"在这个星期一放下书本去散散步也是不错的选择哦！""鱼儿们的安全地带"之类的"亲切的首尔式用语"。我希望这些语言上的小改变不仅仅是有趣的，更重要的是能将感动传递给大家。首尔市图书馆外墙上挂着的"在某些人的心中你就是他们的英雄"的字句，我想即使只是无意中看到，你也会有一些感动吧！这句话就是市民们想

生硬的行政用语，现在再见吧

出来的。

还有，我将"小商贩""摊贩"之类的名词改为"交易商人""移动商人"的时候，大家的反应比我想象的还要热烈。我们不假思索地将那些人称为"小商贩""摊贩"，但是这些字眼里面蕴含的许多意义并不是那么简单。到现在我仍然忘不了感受到话语力量的市民们给我的勉励，那之中就包括自称是"小商贩的儿女"的人们。

我虽然只是换了一个方式说话，但是这代表着我没有将他们当作以贩卖小商品为生的人们来看待，而是将他们看作孩子们的父母、我的朋友、邻居。这也是我特别注意沟通用语的原因所在。

在综艺节目里，经常将冷漠自私的都市男女称作"冷都女""冷都男"，也就是所谓的"冷漠都市女（男）人"的缩写。现在的初中生和高中生们使用的流行用语比任何时候都多，也更像外语。他们的世界里常用的语言大人们却根本听不懂。甚至有一个少年说过这样的话："我们就是为了让大人们听不懂才故意这样说话的，当大人们听不懂我们的话露出吃惊的表情，或者向我们投来不可思议的眼光的时候，我们就会觉得很兴奋。"

各个领域的专家会严谨地制定出该领域的特殊用语，因为这些

第二部分
如何敬听，敬听又能换来些什么

用语常人很难理解。在日常生活中，使用人们生疏的语言并不利于明确的沟通。虽然在特定的内部团体使用本行业的语言可以提高效率，但是只有这个团体内部的人才能听懂、使用的话，是具有很大的排外性的。

弄明白某个团体内部使用的语言并不是一件难事，但是这些内部语言会让不知道这些话的人产生挫败感，他们会觉得自己在知识和经验上不如别人并感到很没面子。所以说，这些"只有自己人才能听懂"的语言是沟通的最大绊脚石。

所以我们需要改变。我将那些难以理解又生硬的话、权威的行政用语、特殊的职场用语都一一找出来并做了修改。在韩国行政用语之中，很大一部分是汉字词，而这些汉字词中又有很多是日本殖民统治时期随着日本人传入的日本式汉字词，它们都包含有特定的历史意义，并不好懂！

为了建立更有效率的公共用语使用体制，在2011年11月23日，国际协力院、韩国文字学院、韩国文字文化团体等有关韩语机构一起订立了合约，改变了公共语言中误用和难以理解的词语并将它们规范化。2012年6月，《交通方面公共用语改善示范条例》颁布。

生硬的行政用语，现在再见吧

我们将"老百姓"改成了"市民"，将"酷西服"（指由于夏天天气炎热，公司职员们会穿质地很轻薄的西服并且不打领带）改成"清凉衣着"，而像"价格投标"这样艰涩的词就改成了"价格出示"之类的简单易懂的词，将"滞留中"改成了"处理中"，"过失支付"改成了"失误支付"等。

并不是仅仅将外来语或者缩写词改成日常用语就万事大吉了，日常用语之中也有大家不能一看就懂的词。行政用语要选用的是那些市民耳熟能详的词，所以首尔市政府举行了很多活动征询市民们的意见。为了使公务员们更快地适应新修改的语言，我还特意为他们制定了培训课程。另外，首尔市在2014年颁布了《规范公共用语条例》，并且进行了一系列的公共用语设问调查，同时还改善了专业性用语系统的环境，开办了很多以市民为对象的韩国文字讲座。

路是人走出来的，人们总是习惯性地避开没有人走过的路，而我现在就正在一条没有前人走过的路上行走着。我相信通过我们的努力，终有一天，"像公务员一样"的话会变成一句好话。

正在烦恼要不要改变的人们，请从小事开始尝试改变吧！比如，从语言开始就是一个很好的出发点。这个世界有很多的称谓，但并非每个称谓都是合理的。人与人之间互相的称呼、职称、别

| 第二部分
 如何敬听，敬听又能换来些什么

称、项目名称……这所有的名称都是根据指称物的性质和命名者的目的来取的。同样的，拟定行政用语最需要考虑的就是市民们的感受！

好的创意来自畅所欲言。所谓畅所欲言，就是指不论你说什么都不用担心受到别人的指责，即使说错了大家也会一笑了之。这样的环境能给我们带来无限的可能性和实现创新的机会。

> **第二部分**
> 如何敬听，敬听又能换来些什么

我们现在见面吧！就现在
首尔市的综合频道——SMC（网络交流平台中心）

连发达国家都会羡慕的就是韩国发达的网络。据说世界上没有任何一个国家的网络能比韩国的网络速度快。这么好的条件我们没有理由不用在行政服务上！

现在这个时代，任何人在任何时候都可以利用SNS（社会性网络服务）来掌握权力。并不是只有舆论界的人才有权利使用网络平台，任何人都可以利用网络平台来掌握这个时代的主导权。特别是智能手机的普及提高了消息的即时性，人们看到一个事件可以立即将这个情报跟所有人共享。在这样的时代里，人们可以更自由更方便地随时诉说自己的主张和心声。

我在想是不是该在首尔的政策制定上也运用SNS呢？后来我们将SNS的社会机能带到了行政体系之中，也就是利用网络媒体交流平台提高沟通的即时性，使SNS成为帮助我们解决沟通问题的工具。

很多市民都会在网络上使用"论坛""博客"之类的交流平台，人们可以通过这些交流平台扩大自己的社交圈。我也用过这些交流平台，那时候我的关注者超过了100万名。这也算是体现了人们对新的沟通手段的接受度吧。与此同时，首尔市内部的沟通方式也都换成了新的网络沟通方式，而且大家也正在利用这种更便捷的沟通方式组织工作。沟通变得更便利、更快速！

在一个政策的构思、决定以及实行的过程中，我都会适当地运用SNS来保证最有效地解决市民的问题和需求。在首尔市，SNS已经成为实现"和谐首尔"的一个战略性工具，同时也是首尔市民共享成果的一种媒体手段。现在正是首尔市政府和市民们携手共进的"SNS沟通行政时代"。首尔市具有代表性的几个SNS平台都在紧张地运行，各个部门和机关也正在根据自己的需要建立不同的SNS平台。首尔市政府还建立了网络交流平台中心（SMC）。在网络交流平台中心，政府人员可以快速便捷地阅读市民的意见，并且各个部门的SNS网站也都能在网络平台登录，市民可以直接找到自己想找的部门并与之取得联系。首尔市市政府官员或是首尔市市长会经常

| 第二部分
| 如何敬听，敬听又能换来些什么

来到这个网络交流平台中心，查看市民的意见并及时处理市民的问题，这些都是我们可以看得见的。

让我们来看看SMC的具体运行流程吧！先是搜集和汇总。将市民们在SMC登录并上传的举报信息和问题等搜集之后汇总在SMC的一个地方，再根据内容大致分类并分发到相关部门。接收到市民意见的部门则会在阅读了市民意见之后给予市民合理的解释和解决方案。这些市政府官员给出的解释和解决方案最后会通过个人SNS传递给提意见的市民，同时也会在SMC的主页上公布。

其实在这之前首尔也有过类似的网络交流系统，但是由于太死板，市民们的兴趣不大。人总是这样的，自己直接参与才会觉得有意思。**因此，我们需要更加重视沟通和交流，通过开发手机专用软件等方式让市民更便捷地参与进来。**首尔市并不是只有一个SNS平台，每个系统和机关都有自己的SNS平台，这样一来市民就可以自由选择到相关部门的SNS平台去留言。

利用这样的交流平台，我们不仅可以更快、更广泛地搜集市民的意见，在某些地区发生灾情时，也可以更及时地向全国人民转播灾区情况。首尔市政府最重要的责任就是保护首尔市民的安全，这一点所有政府人员需要谨记。从前传递信息只能通过电视或者广播，现在通过SNS平台可以将信息瞬间传递给每一个关注首尔市政的市民，同时那些受市民关注的人也可以通过SNS了解到这些信息。一环连一环，信息以极快的速度在人与人之间传播。通过这样的体制，市民不用亲自到政府部门也可以消除疑问，轻松解决自己的问题；不用借助团体的力量也可以将自己的意见直接说出来。首尔市SNS行政时代给市民的生活带来了很大的变化。

即使不是什么重大事件，只是日常生活中的小困难或个人对于首尔市政活动的意见，首尔市民也可以通过个人SNS将其传递给市长。负责人会进入到我的SNS，将与市政相关的市民意见搜集起来并传递给相关部门负责人，而这些部门负责人则会在和我讨论之后用SNS回复市民，就这样实现了快速的、便捷的、有效的沟通。大家都说现在这个时代是光速时代、LTE（长期演进技术）时代，行政也必须跟上时代不能落伍。

其实，一开始我对用SNS沟通并没有多大期待，只不过是说出了自己的建议，结果反响强烈。市民们又将我的建议说给自己的朋友们听，最后媒体知道了，开始大肆赞扬我的建议。就这样渐渐有越来越多的市民使用SNS和首尔市政府沟通。这个制度的实施，使市民们的生活质量渐渐提高了。

第二部分
如何敬听，敬听又能换来些什么

从生活中鸡毛蒜皮的琐事到严肃的人生话题，通过市民们发来的这些关于日常生活中的故事，首尔市政府看见了许多以前没有注意到的问题，同时也发现了解决这些问题的新的方法及方式。首尔市政府也迎来了新的"SNS沟通行政时代"。我相信首尔市的SNS沟通行政水平将是世界上最好的！

也有很多人认为，首尔市长积极使用网络沟通平台是一种很轻率的做法，公务员之中也有因为工作辛苦而控诉我的人。大家一般认为那些鸡毛蒜皮的小事没有必要传到市长的耳朵里，有的公务员也认为市长没有必要为了这些小事亲自出面解决。

但是我不这么想。我认为从前的公务员之所以掌握着权力，很大一部分是缘于当时消息的封闭性。以前，从来都是高官显贵们在高高的城墙里面独自处理事情，他们使用的语言都是老百姓难以听懂的，百姓们只有按照他们的话乖乖去做的份儿。后来消息越来越闭塞，有些政府官员甚至会以权谋私。在从前这些都是必然的事情，没有人监督，自己又掌握着重要的信息，在这样的情况下人怎么可能不产生贪欲呢？

现在不同了，沟通在政治权力之中扮演着重要角色，因为有关舆论的正确性和政府官员的公正性的报道太多了。国民通过网络和智能手机等工具能够掌握到的信息不比政府官员少,甚至在某些方面国民掌握的信息会更多。执政者和政府独揽大权的时代已经结束了。

即便这样,那些紧闭大门、不去和别人沟通的公务员或是政府机关也不在少数。人不能与时代背道而驰,必须紧跟时代的步伐。**我们要告诉大家的消息其实大家都已经知道了,那么我们就应该更亲切、更详细地告诉大家才行,不是吗?**我希望首尔市的公务员和市民都能够积极地顺应时代潮流,并共同努力将首尔市建设成一个公正平等的没有腐败的城市。凭借着沟通的力量,在2013年12月,国民权益委员会以653个公共机关为对象进行的清廉检查中,首尔市获得了第一名。

为了使首尔市民能够更便捷地获得自己需要的信息,使首尔市民了解其他市民的困难是什么、又是如何解决的,知道首尔市长正在做什么事、说什么话,我做了很多努力。登录首尔市政务信息广场主页(opengov.seoul.go.kr)就可以看到所有有关首尔的材料,登录首尔电视官网(tv.seoul.go.kr)还能看见所有和首尔相关的会议和讨论会的视频影像。首尔市不仅仅要做到政务信息的公开化,还要努力做到政务工作的透明化。

第二部分
如何敬听，敬听又能换来些什么

　　SMC就是为了解决我所有的行政苦恼而建立的。公开所有的信息并且了解市民对这些信息的态度和意见，首尔市政府就能据此做出正确的决策。我相信首尔市、每一位首尔市民和公务员都将受益于这个政策。

敢说就能实现
听策讨论会

刚开始决定建立听策讨论会是缘于一个流浪者的死亡。就在我举行就职仪式的前一天,首尔市发生了一件令人惋惜的事情,在首尔火车站的卫生间里发现了一具冰冷的流浪者尸体。知道这件事情之后,一当上首尔市长,我就给自己定下一个任务,这个任务就是要让首尔不再有挨饿受冻的人。

我希望能够找到那些福利政策顾及不到的弱势群体,并为他们制定合适的福利政策。为了做到这一点,我们需要和每年例行的"市民冬日对策"不同的、真正有效的政策。但是从现实角度讲,正确地评定低保者的资格并为他们提供真正有效的福利政策并不容易。怎样才算是低保户呢?为了能够真正帮助那些人,我们又该做

第二部分
如何敬听，敬听又能换来些什么

些什么呢？

其实这个问题本就不是我和公务员们能够给出正确答案的，而应该去问市民。我开办了以"创造市民的温暖冬日"为主题的讨论会，参加的有专家、市民、市民团体等。为了让每一个市民都能够温暖过冬，他们展开了热烈的讨论。首尔市政府和市民一起思考"当下我们需要做什么"这个问题，就这样我们开始了听策讨论会。

刚开始制定政策的时候，有人向我提出将这件事交给市民来做。没有例外的话当然就该这么去做。于是我决定设立市民企划委员会并广泛征求市民的意见。我并不只是口头上说说，也不是做做样子，而是真的让市民参与到福利政策的决策中来。

通过组织市民企划委员会和听策讨论会来搜集整理市民的意见，从而建立完善的市民福利体制，并在施政过程中利用网络交流平台来提高办事效率，这就是我一直以来所追求的体制。换句话说，就是要让市民的声音成为政府行政决策中最强有力的声音。

在实现这些目标的过程中，公务员们很是辛苦。想要在这么庞大的行政体系中制定一个从来没有过的政策谈何容易，只有辛苦各位公务员们了。听策讨论会并不是一次性的，而是一件需要长久讲行下去的事情。其主要程序是首先将搜集到的市民意见传递到相关部门，再由相关部门进行探讨之后及时给出答案并传递给市民。顺利运行这样的程序并保证每一个环节都不出问题，就需要公务员们不停地进行制度完善。虽然我偶尔也会和相关部门负责人聚到一起探讨市民提出的问题，但最后还是要靠公务员们来落实解决方案。网络交流平台在政治决策中的使用也需要所有公务员一起努力才能实现。

"听策"是什么意思呢？

"听策"，就像我们看到的它的字面意思一样，"聆听"的"听"字，"政策"的"策"字，也就是强调政府在制定政策的时候，碰到问题要敬听市民们的意见。这些问题包括："我们需要解决的问题是什么？""问题的对象是谁？""要在何时何地解决问题才最合适？"……其实，我们是无法在韩语字典中找到"听策"这个词的。很多人第一次看到这个词都误以为我是将"政策"不小心写成"听策"了。但是在听策讨论会成立一年后的今天，大家再去网上搜索"听策"这个词，就会看到成千上万条相关的报道和新闻。这就代表有成千上万的市民真正参与到了听策讨论会中。"听策"这个词在不知不觉之中成为了首尔市沟通工程成果的代表词。

如何确定讨论的主题呢？下面我将向大家详细说明。先是综合

| 第二部分
| 如何敬听，敬听又能换来些什么

市民的意见，决定讨论主题的时候需要考虑公益性、稳妥性、必要性等。决定之后就需要确定政策的合作者。所谓政策合作者，指的是包括相关领域的资深专家在内的各种市民团体、想要参与进来的市民个人和公务员们。

在确定了听策讨论会召开的时间后，我们会进行一系列的宣传，号召市民参与到听策讨论会中来并积极发言。不能直接参与讨论会的市民也可以随时通过SNS平台来提出自己的意见。在听策讨论会上，各种赞成或反对意见会像洪水一样涌来。而一个半小时到两个小时左右的听策讨论会结束之后，公务员则会将市民提出的意见仔细地一一整理出来，合理的将会应用到政策决策中并制订出具体的实施方案。听策讨论会通过网络交流平台来进行现场直播，讨论会结束以后，现场拍摄的照片、视频、提案内容等材料也会在首尔市政府的主页上公开。如此，不仅仅是讨论会的参与者，任何人都可以了解到听策讨论会的进行过程。政府部门也会和政策合作者长期保持联系。

刚开始公务员或市民都对听策讨论会感到很陌生。事实上"听策"这个词对大家来说本身就是个生词。以前类似这样的活动，不过是形式上听听市民们的意见就草草结束了。听策讨论会则不是这样，它不是一次性的活动而是要长久进行的，是政策决策和实施过程的一部分。这样的听策讨论会是史无前例的。

对于陌生的听策讨论会，大家难免会生出许多疑问。如果听策讨论会像新产品一样有产品使用说明书就好了，可是听策讨论会不是产品，当然也不会有使用说明书。虽然听策讨论会字面上叫讨论会，但是我们并没有将其局限于讨论形式。对听策讨论会结束之后的政策化过程也并没有什么明确的规定。听策讨论会就是在这样没有过多计划和准备的情况下开始了。我想也许这才是最好的状态，毕竟听策讨论会就是为了敬听市民的意见而自然而然产生的制度。

听策讨论会制度实行之后，几乎所有人都表示赞同。在第一次听策讨论会结束之后的第一个月，我们就又举行了将近10次听策讨论会。大家觉得一次讨论会根本不够，所以就开展了第二次、第三次、第四次……人们对于新形式的、能够亲身参与进来的听策讨论会抱有极大的期待。

下面我来给大家介绍几个听策讨论会的事例。

为了鼓励首尔市民多读书，首尔市举行过多次听策讨论会，讨论主题包括："将图书馆列入首尔十大政策之中""制定图书馆的具体分类标准和方法""争取实现每个城市都能有自己的图书馆""提高图书馆质量"，等等。关于图书馆，首尔市前前后

| 第二部分
| 如何敬听，敬听又能换来些什么

后一共开了7次听策讨论会。现在无论在首尔市的哪个地方，都可以在10分钟之内找到图书馆。首尔市的人均藏书数量从前只有0.81本，现在已经达到了OECD（经济合作与发展组织）国家的平均水平——人均两本。首尔市市图书馆和各个区图书馆之间通过网络相互连接。这些成绩都是依靠市民的力量取得的。

在有关老年人生活的听策讨论会上，我们探讨了老年人的社会参与度和老年人退休后的人生规划方案等。听策讨论会上市民提出了很多意见和方案，比如，"70岁以上的老年人可以享受到福利政策，但是五六十岁的中老年人却得不到任何福利，这是需要改善的""在实行老年人再就业计划时应该利用网络的力量"，等等。

很多人希望为退休老人制定支援福利政策，保证每个退休老人都能得到最需要的帮助。为了帮助这些老人，我们还建立了"首尔市民再就业支援中心"，在这里老人们能够接受专业的再就业培训，学到专业的技术知识。

许多大企业一直在扩大自己的营业领域，因此中小企业职员的生活很是辛苦。首尔市为这些生活艰辛的中小企业职员们举办了以"拯救中小企业"为主题的听策讨论会。在会上中小企业职员们提出了很多好的建议和提案，而这些建议和提案也成为了政府后来制定相关政策时的重要依据。

除此之外,青少年就业、无偿供应食物、青少年教育、地区社会革新等社会时事热点都是听策讨论会的主题。作为市长,我一般都只会在刚开始的时候致开幕词,稍坐一会儿就退场了。其实我很想听听市民们的声音,也很想亲身感受一下活动现场的气氛。对于我来说,能够听到市民们的心声,并得到他们的建议是一件很享受的事情。听策讨论会就是可以让我享受到这些的一个最好的途径。现在,"听策"这个曾经陌生的词已经在首尔市民心中生根发芽。

听策讨论会从根本上说是通向"governance"的台阶。governance这个词本意为"协治",即共同治理。在这里就是让首尔市民和政府一条心共同治理首尔市。

我理解的"governance"还有另外一层意思:将所有的市民社会活动领域之内的政府组织、企业、民间社会等元素通过网络联结到一起。这个概念在许多发达国家都已经得到广泛运用,首尔市也正在尝试践行这个概念。

听策讨论会体现了首尔市民和政府共同治理首尔的理念,也代表了首尔市政府敬听的决心。首尔市政府正在改变从前只和市民做

第二部分
如何敬听，敬听又能换来些什么

书面交流的方式，并开始动员市民积极参与到行政事务中来。从前首尔市政府从来没有下决心去和市民做真正的沟通而只是在掩耳盗铃。"听策讨论会""governance"这两个对于人们来说较生疏的词，现在已经成为了首尔市所有公务员心中的行政基准。

有什么话说吗？请现在就说吧
市民发言台和与市长的周末约会

不知道从什么时候开始，我们的话语中渐渐缺失了真实的生活。电影和电视剧里永远演绎着不现实的故事：帅得过分的男主人公或是美得不真实的女主人公以及他们之间离谱的故事情节。之所以如此，就是因为讲现实生活中的故事太没新意了，这样俗套的故事怎么能引起观众的兴趣呢？平凡人的故事正在渐渐退出大众的视野。首尔正在以不可思议的速度跨越发展，在这座城市生活的人们正在渐渐变得虚伪，很少有人会愿意去听别人的真心话。

为了寻找失去的声音，在创办了听策讨论会之后的两个月内，我在清溪川广场上设立了一个可以让所有市民自由说话的市民发言台，在这个发言台后面挂着"有什么话说吗"的标识牌。

第二部分
如何敬听，敬听又能换来些什么

不管首尔市政府再怎么努力改变形象，官厅和公署仍然是让市民感到很紧张的地方。虽然大家能够在网上讨论政治时事，但是对于很多没有报道的事情，市民是很难发表自己的意见的。现在的社会想找一个倾诉的对象都是很困难的。生活中的不顺意除了偶尔能和朋友举杯消愁外，平时也就只有憋在心里了。

想要让市民真正参与到政府行政事务中来，首先就要打开政府的大门。所以我在清溪川广场设立了一个不足半平方米的小小市民发言台，一个能够让任何人说想说的任何话的市民发言台。来市民发言台发言很容易，只要在首尔市政府主页上写下自己的名字和想要发言的时间以及联系方式即可。没有任何门槛，市民自然也就没什么压力，可以带着轻松的心情参与进来。心打开了，话匣子自然也就打开了。

2011年1月11日11点整，市民发言台终于迎来了第一位发言者。我很清楚地记得那天天气十分寒冷，正是因为天气，那天的发言者说的第一句话就是"这样持续严寒的冬天真不知道该怎么度过"。开始发言之后发言者似乎忘记了严寒，每句话都说得铿锵有力，丝毫也不颤抖。

这之后每逢星期三都会有市民登上市民发言台。从市民生活中的酸甜苦辣到对政府施政的意见和建议，发言的话题十分广泛。话题可以是幼儿园的建设，可以是对于南北统一的看法。当然唯一不能说的就是带有政治目的的话题，因为我不希望市民发言台成为政治者们的工具。还有就是发言内容不能有损他人人格和权益，否则很容易引起争吵。除此之外就算是穿戏服，或是倒立着发言都可以。

市民发言台"接待"过不同性别、不同年龄、不同职业甚至不同国籍的人，包括使用手语的残疾人、说外语的外国人，等等。在韩国有着很高人气的艺人Sam Hammington（萨姆·汉明顿）曾站上台发过言，他指出了韩国地铁站里的英语标识牌存在的问题；某个电视台的制作人在发言台宣传过自己的节目；还有一位6岁的小朋友登上发言台向自己的父母表达爱意。在登上过发言台的人群中，有载歌载舞的人，有怀揣着总统梦的高三少年，有梦想成为世界著名作家的小学生，有穿着超人服装的青年，有鼓励年轻人奋发向上的老人，有66岁的未婚男登上发言台要求给高龄未婚的低保市民结婚补助金以及可以永久居住的公寓，甚至还有向明星求爱的人。市民发言台成为了教授向学生授课的地方，成为了青年人和老年人实现梦想的地方，成为了残疾人诉说心声的地方，更成为世界不同文化的交流地。

| 第二部分
如何敬听，敬听又能换来些什么

市民发言台在试运行的3个月内共举行了12次活动，总共有149名市民登上了发言台。登上发言台的市民的年龄差距很大，小到几岁的小孩子大至80岁的鬓发斑白的老人，其中以40～60岁的中年人士居多。发言内容则以市民生活中的问题以及市民对行政的意见为主，其次就是对社会问题的关注，还有市民会说些生活中柴米油盐酱醋茶的琐事。住宅再开发、义务教育、道路交通领域的意见也很多。通过市民发言台，我们就能知道首尔市民真正关心什么了。

在我看来，市民发言台的作用就是给市民们提供一个可以把想说却一直没有机会说出口的话都痛痛快快地说出来的场所。这个场所是很重要的，如果这个场所是一个不论说什么都不会有人责怪自己的场所就更好了。我希望在首尔市像这样的场所能够越来越多，让大家把心中的话都开诚布公地说出来。

话说出口自然会有回音。市民发言台不光是要让舞台上的市民发言，更重要的是让幕后的市民也参与进来，并将市民发言的内容反映到政府政策的制定与实施中来。相关负责人需要将市民发言的内容传递给相关部门并做好后续工作，最终解决问题。比如，有一位老奶奶在地铁站附近被路障设施绊倒，有人在发言台反映了此事，政府立即组织相关地区的工作人员修整了路障设施；还有一位由于年龄问题被孤儿院赶出来的女士在讲述了自己的故事以后，政府也为她而修改了孤儿院救助基准。

只要在市民发言台提出难以解决的问题，市民就能获得和我在周末约会的机会。所谓周末约会，就是在我的办公室同我以及相关部门负责人一起探讨事情解决方法的一个机会。必要的话，我们还会请来相关的专家或者律师一起探讨。

在和我"约会过"的人中，我印象最深刻的是一个多文化家族的家庭成员们。身为越南人的妻子和本就出生在多文化家庭的丈夫一起在市民发言台发言。他们指出，虽然现在针对多文化家庭的福利政策有很多，但是政府对于最重要的住宅问题却没有提供任何帮助。他们希望在筛选廉租房对象的时候能给多文化家庭一些优先权。

这个家庭最后被相关的负责人选为"市长周末约会"的对象。在一个炎热的夏天我和他们在市长办公室见面了。事实上多文化家庭的福利问题也是我一直以来很关心的问题。很遗憾的是，根据韩国的廉租房申请资格条例，这个家庭无法得到帮助或是优先权。我将这个事实解释给他们听了，并告诉他们虽然不能得到廉租房，但是在土地使用权上多文化家庭可以得到优先权。就这样我们结束了这次"周末约会"。"约会"结束之后，相关部门更详细地向这个家庭的成员们说明了廉租房申请资格以及土地的优先使用权资

| 第二部分
 如何聆听，聆听又能换来些什么

格等。

"有什么话说吗？"市民发言台在2013年1月被移到市民厅并正式投入运营。这样大家就不必经受风吹日晒，任何时候都可以在舒适的环境下畅所欲言了。我相信每一次的发言，最终会使得首尔市越来越好。现在不仅仅是首尔市，韩国其他省市也在纷纷效仿首尔市建立市民发言台。

不过是市长而已,让我也试试吧
名义副市长

掌控的事情越多,顾及不到的地方无疑就越多。我也希望倾尽全力做好所有事情,但是仍不能面面俱到。虽然现在已经有很多首尔市民会参与到沟通交流中来,但仍然有一部分人觉得"参与"很陌生,对此事很抵触。

事实上,那些封闭自己的人越是不肯参与到社会活动中来就越是孤独;生活状况越不好的人就越不敢说出自己的诉求。所以我想了一个对策,那就是名义副市长制度。

名义副市长就是将市民的心声传递给首尔市政府的纽带,也就是在敬听民众需求后,将信息汇总给政府。政府会根据专业技能和

第二部分
如何敬听，敬听又能换来些什么

沟通能力这两个标准在市民中公开选举名义副市长。

起初我们分别在3个领域选出了3位名义副市长，这3个领域分别是青少年、老人和残疾人。每届名义副市长的任期是一年，而且名义副市长也不会有任何报酬，完全是义务劳动。说实话，在实行这个制度之前我也有过很多担心，担心没有人愿意接下这个烫手的山芋。但是，出乎意料的是，一共有79人报名参加这次的名义副市长选举。在一番激烈竞争之后，我们在这79名市民之中选出了3位名义副市长。一下子多出了3位副市长，我也觉得很踏实呢！几个月后，我们又在传统商人、中小企业商人、女性、外国人这4个领域中选出了4位名义副市长。而从名义副市长制度成立至今，我们已经在文化艺术、观光旅游、环境、都市安全等11个领域选出了11位名义副市长。

为了保证名义副市长不是一个徒有虚名的职位，我们对名义副市长的职能、任期、职责作出了明确的规定，还制定了年度日程计划表，为的就是帮助名义副市长们更好地完成自己的工作任务。

尽管这些新上任的名义副市长们对工作抱有极大的热情，但他们毕竟对行政是不了解的，所以我们准备了一些培训教育课程，帮助他们了解行政方面的知识。我们安排他们参加干部会议，并保证他们每个月至少有一次和我面对面直接交流的机会。

这些名义副市长们的工作热情比一般的公务员还要高。他们到群众中走访并亲自参加座谈会、听策讨论会，并和各个部门一起讨论解决方案。当然由于这些名义副市长们对工作比较"生疏"，他们也给相关部门出了不少难题。

我认为名义副市长制度能够提供一个让市民和政府设身处地地为对方着想的机会。沟通可以帮助人们将心比心，从对方的角度思考对方的处境和困难。我偶尔会希望市民们认可我的努力，市民们也会希望市长能和自己一起解决问题，名义副市长制度就是为了促成这种互相理解而建立的。

名义副市长制度不能流于形式，这对我来说是个不小的挑战。如果只是做做样子的话当然没什么困难，但是想要设立一个真正能让名义副市长们各擅其职的规定，并将这些名义副市长们辛苦劳动取得的成果运用到行政事务中来，是很不容易的。我再怎么努力克服障碍，受首尔市固有制度的影响，突然要改变传统仍然阻力重重。但是没有改变就没有进步，我必须迎难而上。

这里还有一个问题：让有本职工作的市民放弃自己的职业，为

| 第二部分
如何敬听，敬听又能换来些什么

首尔市做一年的公益活动本来就是一件很牵强的事，更何况如果在这一年之内没有取得任何成果的话，可能会让他们有一种"当官也不过如此"的感觉。这将会是最大的失败。

作为一个执政者，我的梦想就是能够将间接民主主义和直接民主主义之间的差距尽可能地缩小。为了实现这个梦想，我要尽可能地将政治透明化，从而保证一般市民也能够参与到行政事务中来。

也就是说，想要让名义副市长制度顺利运行，保证各位名义副市长都能各擅其职，首先我们要将首尔的政治透明化，确保一般市民都可以参与到行政事务中来。如果首尔市真的能成为任何市民都能够担任名义副市长甚至是市长的都市该有多好啊！看到现在的名义副市长们充满生机的样子，我们有理由相信，在不久的将来，这个梦想一定会实现！

直接沟通
听策博览会

"国家要成为所有国民温暖的家。"

这个美丽的口号是福利强国——瑞典的精神口号。瑞典将实现国家的福祉之路比喻成"蜗牛的一场长途旅行"。瑞典真正建成了中国古代哲学家孟子所描述的理想社会:"老吾老以及人之老,幼吾幼以及人之幼。"

瑞典在实现国家福祉之路上出现过两位杰出的首相:一位是佩尔·阿尔滨·汉森,另一位是奥洛夫·帕尔梅。汉森首相为了建设"国民的家园"推行了一系列政策,其中包括:缩小社会贫富差距、社会福利政策、经济均等政策,等等。而帕尔梅首相则是在内

第二部分
如何敬听，敬听又能换来些什么

战时期完善了瑞典的福利政策。帕尔梅首相对外还是一名出色的外交官，为世界和平做出了杰出的贡献。他是将"社会合议"理论引入瑞典并领导社会民主党建设瑞典的伟大领导人。

1969年，身为社会民主党主席和欧洲最年轻的首相，帕尔梅首相制定了很多能给人民带来福利的政策，并提出了一些观念。比如，《雇佣安全法》《劳动者参与经营法》、男女平等，等等。帕尔梅首相认为，每一个家庭都是一个小世界，拥有至高无上的价值，政府要为这些家庭成员们的幸福建立一个民主主义的拥有完善福利体制的国家。民主主义是每个国民能够拥有幸福生活的基本条件，是实现福利大国的前提。

和帕尔梅首相一起造就今天的福利大国的另一个主人公就是瑞典国民们。崇尚实用主义的瑞典国民放弃了保守党和先进党，而是选择了更好地管理瑞典福利政策的其他政党，并取得了成功。在这样的前提下就有了榆树谷政治博览会。该博览会在瑞典哥特兰岛举行，它集中体现了瑞典国家力量，瑞典的所有政策都在这次博览会上进行合议，合议通过以后才能实行。

榆树谷政治博览会是在帕尔梅首相当上社会民主党主席的1968年，在哥特兰岛首府古城维斯比的榆树谷公园里，从帕尔梅首相在卡车上的一场演讲开始的。当时演讲现场有500名左右的市民,气氛十分热烈。之后每年的7月,社会民主党都会举行政治演讲。而2000年以后,瑞典开始邀请欧洲和北美的政治领导人参与博览会,并最终发展成了现在的榆树谷政治博览会。

首尔的听策博览会其实就是我借鉴榆树谷政治博览会而想出来的。在我当上市长之前,2011年我去瑞典参加过榆树谷政治博览会。当时我看见在这个小小的岛上聚集着这么多人,其中有一般的市民也有一国的总统,大家聚在一起畅谈各种问题。我很感动,这种关于对话和沟通的感动促成了后来首尔市听策博览会的召开。虽然距离榆树谷政治博览会建立已有40多年了,但是我相信韩国现在举行听策博览会也并不晚。

召开内部会议准备听策博览会时,我们的核心宗旨是"实现市民主导"。要想实现市民主导当然要从认真敬听市民声音开始,所以我召开了市民咨询会议。3次市民咨询会议为后来的听策博览会制定了大致的方向。在这3次市民咨询会议上决定了组成解决重要案件的企划委员会,并确定了组成方向。

根据各个部门和市民团体的推荐,我们选出了共由12位市民组成的企划委员会。要想运行好企划委员会就要坚定"话语是种

第二部分
如何聆听，聆听又能换来些什么

子——改变首尔市的千万个想法"的方针，还要依靠这12位市民成员的领导和积极的努力。后来市民们自发组成的志愿爱心行动团体——市民活动志愿团也加入到了企划委员会之中。

关于首尔听策博览会，我实在有太多话要讲，但是在这本书里不能一一讲给大家听。下面我谈谈重要的几点。

首尔听策博览会是能够让每位市民都尽情沟通和讨论的地方，也是首尔市政府发表政策决策的地方。在听策博览会上首先会就当时社会中的重大事件、新闻对市民们发问，经过分析、讨论、决议，首尔市政府会用新颖轻松的方式发表决议、新政策。这些政策涉及就业、环境、福利等，在发表之后还会当场询问市民的感想和意见。听策博览会就是一个内容丰富多彩、形式多元化的讨论会。

这里不得不说的就是政策提议交易市场。首尔听策博览会的场所从一开始的大厅变成了后来的市场，主要的交易商品就是市民们的提议，市民们把自己想要"卖"的提议拿出来，市政府就会购买。市民拿着自己的提议来到市场，相关部门负责人就会面见这位市民，然后由该市民将自己的提议说给负责人听，只要提议合理，政府就会无条件购买。这个全国首家市民提议交易市场是听策博览会最受欢迎的环节之一。通过市民提议交易，我们获得的市民提议多得令人惊讶。

在听策博览会上，我们还会为市民们讲解他们关心的政策。首尔市的局长、本部长、市长等全部领导人都会出席为市民现场解答问题。公务员、专家、市领导人等的动员，都是为了确保市民们能得到满意的答复，使活动能够取得好的效果。

虽然现在的听策博览会还是会有政府的介入，现场也会需要公务员们辛苦安排，但是我希望这个活动以后能完全交给市民们来举办。在企划委员会主导下的听策博览会渐渐成熟了，2014年有更多首尔市民参与到了听策博览会中，第三届首尔听策博览会也正在紧张的筹备之中。

第二部分
如何聆听，聆听又能换来些什么

讨论指的不仅仅是一般意义上的聆听，而是思想、理论以及感情相互作用，创造一个出乎意料的结果的过程。

让我们去小区转一圈吧
社区市长办公室

在恩平新城区,首尔SH建筑公司建造的大户型房屋目前还有615栋没有售出。SH建筑公司投资1500万韩元建的房子,4年过去了为什么却一直没有卖完呢?这真是令人寒心啊!于是我抱着必须改变恩平区现状的决心,在那里设立了社区市长办公室。在设立社区市长办公室之后的9天之内,我动员了多名建筑学专家来帮助改善楼盘的结构,降低房屋贷款门槛,强化销售方案。这些措施解决了楼盘的生活设施以及结构上的瑕疵问题。连接所有的商业区并能够保证在30分钟之内到达江南区的地铁盆唐线就是这时候开始建设的;"我们的名字是恩平,我们的价值在恩平"的广告语也是这时候发表的。这些都带来了惊人的效果!在社区市长办公室设立之后的60天内,剩下的615栋房子全部售出。而人们也给我取了个"售

第二部分
如何敬听，敬听又能换来些什么

房王"的外号。

就这样从恩平新城区开始，江西区、永登浦区、广津区等地都陆续设立了社区市长办公室，通过社区市长办公室我见到了生活在这些地区之中的15000名市民。所谓的社区市长办公室，就是一个市民可以找到市长并和市长谈话的场所。我一直相信很多难题需要和市民一块儿解决，那些一直没能得到解决的陈年问题则是我关注的重中之重。我希望能够亲自到现场，得到这些问题的第一手资料。

我们召开"地区难题说明会"，来研究这些从各个地区筛选出来的10个左右的难题。接下来会和区厅长、公务员、地区居民代表一起到现场进行调查。虽然开会探讨也很重要，可怎么都不如直接去现场来得一目了然、清楚明白。

在结束现场调查以后，我们就会召开"地区难题讨论会"，和各个居民代表一起讨论如何解决。有时候"地区难题讨论会"甚至会开到深夜，但每个人都精神饱满，因为这样直接沟通的机会在以往并不多见。

通过一系列的研究探讨最终得出的解决方案，会由我在第二天亲自召开的"地区居民听策讨论会"上发表。在时间允许的条件下，我们还会请平时在各个区厅工作时接触这些问题的区厅工作人员到讨论会现场。我也会要求担任后续工作的各个部门工作人员长期向我报告工作进展。

市民们对于社区市长办公室制度非常支持。就广津区来说，建区以来我是第一位亲自到此访问的市长。虽然市民们也理解首尔市很大，市长不可能每一个地区都顾及，但要说从未见过市长不令广津区人民失望是不可能的。很多人会觉得能接触市长本身就是一件很开心的事情，如果能在市长面前说上话就更是感激万分了。那些经济比较困难的区的确没有什么机会向上级报告自己的难题。但是现在市长来到自己的区了，他们终于可以直接开口向市长诉说自己的困难和境况了。更何况大家众志成城，还有什么难题是不能解决的呢？

反之，我想让市民接受我的想法也很难。所谓的话语只在与我关心的话题有关联时才有意义，否则无论是多么好的金玉良言，也可能因为和我关心的话题无关而被我忽略。所以我应该首先了解居民们关心哪些事情。

从宏观上看，区和市是一体的，区的问题就是市的问题，市的难处就是区的难处。我想告诉大家的是，市长来到各个区亲自解决

第二部分
如何敬听，敬听又能换来些什么

各个区的问题并不是广施恩泽，而是在解决自己的问题。

在各个区的社区市长办公室我花费了119天的时间。这119天之中我亲自走到各个社区敬听市民的心声，这已经是我能争取到的最长期限了。这119天对我而言实在是太珍贵了。通过首尔市长候补选举当上首尔市长的我，任期只有两年零八个月，这两年零八个月的每一天都会是我人生中最珍贵的日子。总共只有两年零八个月的时间，我却花费了119天在同一件事情上，也许有人会觉得很可惜，但我并不这么认为，因为通过这119天的辛苦，我有了很大的收获，这个收获便是对地区问题的深度掌控。

最能够体现行政力量的地方就是社区市长办公室。事实上，越是建立社区市长办公室的地方越容易出现乱子，其中不乏对我破口大骂的人和举牌示威让我下台的人。涌进社区市长办公室的，有好的声音也有不好的声音。在那些矛盾的旋涡中，我仍然保持谦逊的态度，认真敬听市民的声音并尽力给这些市民满意的答复，最终赢得了大家的掌声。到现在为止，没有任何一名市长如我这般真正走进市民的辱骂和纷乱之中。不论市民对我说什么，我都谦虚地敬听到底，我认为就是这种认真的姿态换来了市民们的感动和掌声。

有一次，在永登浦一些反对我提出的政策的市民直接将我的社区市长办公室砸了。原因是我提出要为生活困难的市民开设半价食堂，这让因此而失去客源的饭店老板十分愤怒。后来我亲自见了这些砸办公室的人并和他们谈了很久，在他们向我诉说了自己的难处之后，我表示理解。经过权衡，我最后决定仍然暂时保留半价食堂的政策。

在军队，地位高的军官们访问前方部队反而会给大家增加负担，因为想要不被军官们挑毛病，大家就必须做许多准备工作。如此，军官们虽然是为了视察前方部队的面貌而来到这里，然而看到的却不是部队最真实、最自然的样子。从前的学校，情况也差不多是这样的。比如，听闻有领导将要莅临指导工作，黑板上就会临时贴上莫须有的"学习目标"。

领导们想要看到真正的市民生活，就要自己首先做好沟通的准备，不能靠责备和处罚来树立威信，而是要带着让大家过得更幸福的信念去接近大家。要想着"我并不是去审查大家的，而是真正去给大家解决问题的"。想要见到大家真实的样子，就要带着真心去。

第二部分
如何敬听，敬听又能换来些什么

不是使用高压手段来实践自己的想法，而是在认真敬听了所有人的心声之后，综合各方意见制订出一个解决方案。现在这个时代需要的领导能力不就是这样的吗？如果不这样做的话，又如何在这个复杂又矛盾的社会中维持各方利益平衡，实现社会的和谐呢？

沟通是一种填充
市民厅（听）

　　我对于空间的想法很简单。我认为要根据用途的不同去设计出不同的空间。换句话说，就是建立空间的时候，必须首先思考空间的用途，再去设计出与之相符的空间。首尔市一直致力于如何设计出以市民为中心的空间，这之中最具有代表意义的成果就是市民厅（听）。

　　我很喜欢广场，因为广场是一个开放而广阔的空间，是可以供大家一起使用的空间。一直在很多方面都广受好评的巴西库里提巴市每周都会举办国际性的广场活动，在禁止车辆通行的街上举行国际跳蚤市场活动，还会用形式多样的文化广场活动吸引全世界人们的到来。那里时时刻刻都在举行各种广场活动，会让人感受到全球

第二部分
如何倾听，倾听又能换来些什么

化的力量。那里有贩卖各种食物的移动商人和小型商店，仅仅是看着他们热情洋溢的模样就感觉很有意思。

那样充满热情和活力的广场会让人产生满足感，而我十分喜欢满足感。很遗憾的是，在首尔几乎找不到这样的地方，这样既能够贴近人们的生活又能够成为时代象征并记录历史的地方。首尔的任何地方都是车流涌动，到处都是一样繁华的商店、一样忙碌的人们，这样的都市没有一点儿生气，甚至可以说充满了忧郁的气氛。

在我当上市长的时候，首尔市的新厅（听）社已经快要竣工了。说实话不论新厅（听）社的外观还是结构我都不太满意，但是又能怎么办呢？总不能把已经建好了的建筑拆了重建吧！我只有在建筑的内部装饰上下功夫了。

新厅（听）社的外观看起来很现代，但在构造方面几乎和过去没什么两样。因市民而存在的市厅，却没有属于市民的空间，只考虑公务员怎么行呢？正当我苦恼有没有什么好的方法改造市厅时，突然想起来市厅还有一个地下空间。我想将这个地下空间建成市民们的广场。

本来这里是准备建设城市画廊的，用以宣传政府制定的政策。

沟通是一种填充

虽然这个主意也不错，但我认为把这个空间让给市民们会更好。那么要利用这个市民的空间做些什么呢？这就要问市民们了。我们只要为他们提供一个优质的场所，让他们在这里做自己想做的事情就行了。

其实，让一个从政的人突然放手、不管一切有点强人所难。在政治体制内一向都是以成果说话，有成果才能得到其他人的肯定。现在突然要将所有事情全权委托给市民们，我有些担心这样能不能行得通。毕竟大家已经习惯那些规矩，习惯只看结果说话。

看看首尔市政府到现在为止所做的事情，大家会有一种新瓶装旧酒的感觉吧？**跟不上时代的步伐就永远慢人一步。不跳出条条框框的束缚就永远跟不上潮流，因为制定那些条条框框的规矩的速度总是比时代变化的速度要慢。跟上时代的唯一方法就是将自己交给时代。**我也相信将空间交给市民，市民自然会根据自己所感受到的时代要求来好好利用这个空间。

仅仅是"市民厅（听）"这个名字就已经蕴含了敬听的含义。我用了"官厅"的"厅"字和"敬听"的"听"字来体现市民厅（听）是一个敬听市民的官厅的概念。市民厅（听）的象征和标志也是以"敬听的耳朵"的概念设计的。这是一个任何人都可以参

第二部分
如何敬听，敬听又能换来些什么

与进来做任何事的空间。它的英语名字也不是"City Hall"，而是"Citizens' Hall"。

正是因为这是个完全由市民主导的地方，所以它是时刻变化的。想知道现在市民厅（听）是什么样子的话，只有亲自去现场看看。在首尔的人们可以亲自去现场，即使你不在首尔也可以通过市民厅（听）的主页浏览市民厅（听）现在的情况。自从2013年1月市民厅（听）正式向市民开放以来，已经有150万名访客来过这里。市民厅（听）里开展的活动也是丰富多彩的，包括公演、展览、讨论、讲座等，甚至还有在市民厅（听）举行婚礼的新婚夫妇。

我希望越来越多的人来到市民厅（听），享受这个空间。在"市民是厅长"的标语下，市民们可以在这里随心所欲地做自己的事情。这里举行的一切活动的企划、开发、设计、实行都由市民自己全权管理。

还有一点需要注意：一定要保证市民厅（听）随时有剩余的空间。我们要的不是规划得满满的日程表，而是要保证任何人任何时候来都可以随心所欲地使用这个空间。任何时候都要强调沟通，就像"市民厅（听）"这个名字一样，我希望市民厅（听）能促进人与人之间的交流与沟通。

沟通是一种填充

　　沟通的一个特征就是放空自己。试想一下，如果一个人的脑子塞满了东西，他还能得到新的知识吗？一个人的心被填满了的话，也就无法接受其他人的心了。一个人的两只手都被东西牵制住了，也就无法去牵别人的手了。沟通就是一个填充空间的过程。

　　现在大家周围有荒废的地方吗？如果有，请首先将那个地方清空吧！并尽量不要去定什么规矩，而是尝试去和所有人一起享受那个空间的自由。我希望大家都可以将荒废的地方清空再利用起来，让这些荒废的地方重新焕发活力！

第二部分
如何敬听,敬听又能换来些什么

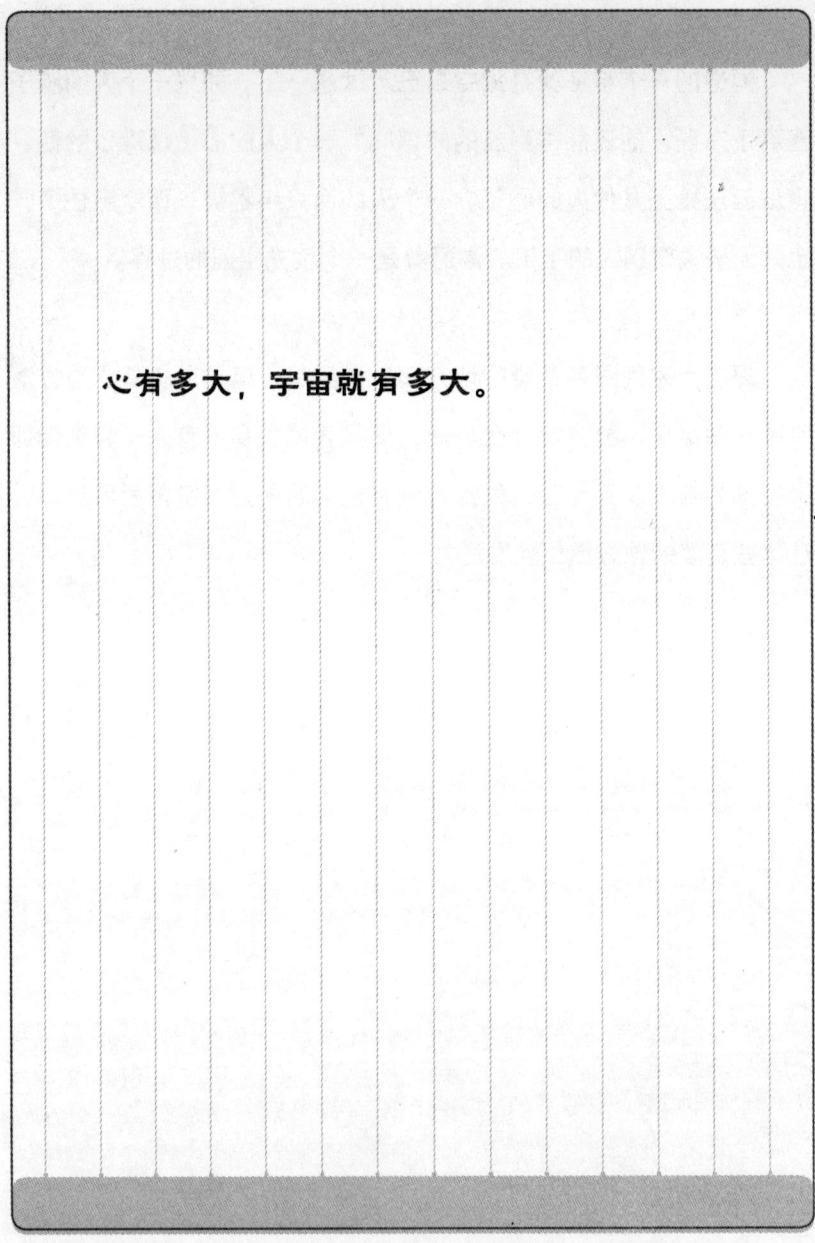

心有多大,宇宙就有多大。

小革新能带来大变化

首尔市发生了翻天覆地的变化，很多新政策和制度都是市民们从前根本不敢想象的。而这些变化都是由"市民就是市长"这句富有哲理的话带给我们的。首尔市一千万名市民成为市长，一起为首尔市的政策出谋划策，共同监督政策的实行，首尔市怎么可能不越来越好呢？

现在的首尔市，哪怕是一个小小的政策都要动员各级政府官员以及专家、市民活动家等专业人士和市民们一起深度讨论才能决定。

首尔市的最大变化就是现在的所有政策都是和市民们一起制定的，所有的文书都需要得到市民"盖章"才能生效，最终决策权永

第二部分
如何敬听，敬听又能换来些什么

远都在市民手上。在我的市长办公室的一面墙上，贴满了用黄色便签纸记录的市民们的愿望和期待，通过这面满载着市民愿望的墙，大家就能知道首尔市有多么注重和市民的沟通。

市长办公室里的大书柜就是市民们用过不要的旧家具，这个旧书柜时时刻刻提醒我要为市民着想，为市民服务。像这样以市民为主，注重与市民沟通的精神可以说体现在现代社会的每一个角落。现代政治之中，市民的参与和与市民的沟通占有很重要的地位。首尔市政府会通过"听策讨论会""市民发言台"等方式来搜集市民的意见，然后再综合这些意见制定政策。在实施阶段也会借助市民和市民团体的力量，保证政策能够最大程度上得到贯彻执行。

说到"革新"这个词，大家脑海中浮现的可能会是"大的变化""创造新事物"之类的概念吧！我们很容易误解革新就是创造这个世界本来没有的新东西，就像史蒂夫·乔布斯的苹果手机。当然必须承认的是，苹果手机的确是一场伟大的革新。它不仅仅促进了手机行业的发展，还深刻地影响了我们的生活。但是像这样的革新并不是一蹴而就的。**稍微深入了解一下，你就会发现这个巨大的变化其实是每一次小小的革新集聚而成的，每一个小小的革新都会给我们的生活带来巨大的变化。**

我认为小革新是十分重要的。虽然不像大型项目那样需要投入巨额资金，也不是那么引人注目，但是每一个小革新都和我们的生活密切相关。首尔市到现在为止做的每一件事情都是为了解决市民日常生活中的问题，这每一件事情在我看来都是一场小小的革新。比如，为在喷水池边开心玩耍的孩子们建立更衣室等。革新并不是做一次就结束了的事情，而应像市民日常生活中的习惯一样无处不在，它会渐渐改善市民的生活。所以我才会觉得小革新意义重大。

　　如果能在首尔市建立一座宏伟的标志性建筑并以我的名字命名，让所有市民每次看到那栋建筑就能想起我的话，说实话，我也觉得这是一件很酷的事情。但是市民们不是傻瓜。投入那么多的时间和金钱，市民们怎么会不知道呢？而我认为我现在就走在一条可以真正让市民们敬重我、爱戴我的路上。这比一栋以我名字命名的建筑更酷。

　　政府在行政上要做的不是和市民生活毫无关联的表面工作，而是要真正为市民解决问题。在我担任首尔市长的两年多的时间里，我从来不会打着市长的名义做任何事情。**即使我新开展了一些事业，这些事业也是按照人民的意志，由人民主导的。**我的时间大部分都投入到完善现有制度之中，为的就是使市民能真正发挥自己的作用和功能。虽然表面上看起来好像没有很多成果，但是我认为我

第二部分
如何敬听，敬听又能换来些什么

所做的事情都是能改善首尔市民生活的伟大事业。

积水成渊，意思是一滴一滴的水聚积起来也能成为深潭。就像这句话说的那样，首尔市的变化是凝聚每一个市民的汗水，从每一次小小的革新开始的，这将会改变首尔市的面貌。

敬听的过程,就是思考在自己说完一番话之后对方会如何反应的过程。

第二部分
如何聆听，聆听又能换来些什么

预防矛盾学

矛盾调解员

不知道大家有没有看过一部叫《少数派报告》的电影？这是一部以未来为背景，展现未来先进的预防犯罪手段，介绍如何利用具有感知未来的超能力来事先得到犯罪信息的电影。但是对于这部电影我有很多的疑问，比如说，追究还没发生的事情的前因后果可能吗？虽然我也觉得这部电影很有意思，但是从现实意义上来讲，预防犯罪的理论究竟是否可行还有待进一步思考。

大多数的犯罪都是有犯罪动机的。令人伤心的、糟糕的生活环境，还有对某种东西的强烈渴望都可能引起犯罪。仅仅去阻止犯罪行为是无法做到真正预防犯罪的，要想真正做到预防犯罪，就要尝试去治愈犯罪者的内心伤痛。另一个重要的观点是出现犯罪行为，我们并不该完全追究犯罪者个人的责任，我们还需要思考引起犯罪者犯罪的社会原因究竟是什么。

首尔市正在尝试使用一种叫作"环境设计预防犯罪"（CPTED）的技术。如果说阴暗的角落常常发生犯罪案件的话，那么在每条路上都安上路灯，使首尔市的夜晚每个角落都很明亮，犯罪是不是就会减少了呢？这样不仅能减少犯罪案件，还能优化我们的居住环境，是一件一举两得的事情。与其多建几间监狱或者加重量刑，还不如多尝试这种从根本上预防犯罪的策略。

自从我当上市长以来，就一直苦恼该如何预防矛盾的产生。后来我一直在苦攻预防矛盾学。现代社会就是一个充满了矛盾的时代，各种各样复杂的矛盾时时刻刻都在发生，这是必然的现象。不论我们喜欢不喜欢，现实就是这样的。但是矛盾也可以分类。**由于思想和立场的本质区别而产生的矛盾是带有积极意义的矛盾，这种矛盾能促使人们展开具有创造性的讨论。**在古代，统治者会为了预防这种矛盾而钳制人们的思想。

有一种矛盾是有消极意义的，这种矛盾本来只要稍微互相理解一下就可以解决，却因为当事人的急躁性格而加剧了本来不大的矛盾。这种矛盾是一种具有消耗性的矛盾，由此导致的人与人之间的

第二部分
如何敬听，敬听又能换来些什么

疏远及当事人心里受到的创伤更是无法估量的。首尔这么大的一个都市自然也避免不了会有很多矛盾，如果这些矛盾都是积极意义的当然很好，但是很不幸的是这之中消极意义的矛盾不在少数。这些消极意义的矛盾使得我们的生活质量下降，使幸福生活离我们越来越远。在现代社会，似乎每个人的内心都有着不可告人的伤痛，这可能是导致首尔市自杀率高的原因之一。

大家可能多多少少都受过噪声的困扰吧？这其实是一件很令人痛苦的事情。生活中细小的矛盾就像噪声一样无处不在，它们正吞噬着我们的生命。年轻人会受不了老人们的唠叨，老人们又看不惯年轻人的作风。而人与人之间的关于理念的争论仍然是最大的社会矛盾之一。比如说，男女不平等的问题，就业难的问题，还有公司正式工和非正式工区别对待的问题，等等。是的，我们就生活在这个充满矛盾的社会之中。即使这样我们也不能消极对待这些矛盾，否则矛盾只会越积越深，并最终带来严重的后果，而我们要做的是努力去解决这些矛盾。

其实我们只要做到认真敬听对方的心声，很多矛盾就会迎刃而解。相反，如果从一开始就不信任对方或者带着偏见去与对方相处的话，自然就很容易产生矛盾了。让我们好好回想曾经发生在自己身上的矛盾吧！看看哪些是沟通不畅导致的呢？首尔市甚至还特意制定了条例，规定在所有的产业项目投资前都要首先确认没有任何矛盾因素才能投资运行。这也说明首尔市是十分重视通过沟通预防矛盾的。

之前由于首尔市政府没能好好地敬听市民的话而产生了很多矛盾，我希望能从根本上预防首尔市政府和市民之间各种生活上的、社会上的矛盾的发生。为此，我制定了专门解决矛盾的矛盾调解员制度，也就是请一些人专门去有矛盾的地方调解矛盾的制度。现在担任矛盾调解员的各位工作人员之中，不仅有从美国归来的研究矛盾学的学者们，还有很多对解决矛盾有丰富经验的专家们。

下面我给大家介绍首尔市在矛盾管理方面的几个事例。

第一个是一位商人的故事。一天，一位店铺老板突然收到了征迁的通知单，于是他要求政府在与现在条件差不多的地方为他重新开一家店。但是政府并没有答应他的要求而是强制拆除了店铺。这位店主十分气愤，于是在市厅门口搭起帐篷开始了静坐示威活动。这位店主的名字叫李先行。

李先行先生一共进行了717天的静坐示威活动。我上任之后，还常常在首尔市厅门口看见他。于是我开始思考自己能为他做些什么，最终我决定派出矛盾调解员来解决这个问题。效果显而易见。

第二部分
如何敬听，敬听又能换来些什么

那位店主见到矛盾调解员之后对他们说："一直以来都没有人肯像你们一样这么认真地听我的故事。"矛盾调解员也承诺给他相应的补偿。最终，在4个月之后，李先行先生结束了他的静坐示威活动。

其实很容易就能解决的事情，为什么之前那么长的时间里都没有得到解决呢？717天是一段多么长的时间啊！我想事情之所以一直得不到解决，正是因为在这两年内这位店主一直都没有找到一个窗口去诉说自己的遭遇。其实更准确地说，并不是这位店主没有找到这个窗口，而是根本就不存在这样一个窗口，或者说根本就没有人真正想要去帮助李先行先生。

本来预计在2018年实施的交通道路绿化项目，由于市民反对差点儿就流产了，市民反对的理由是道路绿化可能会造成严重的交通拥堵。诸如此类首尔市政府和市民之间的矛盾，其实还有很多。虽然首尔市政府努力尝试解决这些矛盾，但是一直没有什么成效。该怎么办呢？大家可能都猜到了我要说的是什么，是的，就是沟通。召开市民协议会让市政府和市民们面对面沟通，并请国内外矛盾学领域的专家们担任矛盾调解员，通过沟通来化解矛盾。

首先要做到认真敬听市民们的担忧和要求，只有了解了这些，才知道该从什么地方下手解决矛盾。2014年，在开了几次市民协议会之后，我们终于获得了市民的同意，开始动工实施城市交通道路绿化工程。这一切都归功于沟通的力量，是沟通让我们获得了市民的信任。如果我们没有和市民沟通，没有获得市民的同意就毅然决然地动工，那将会怎么样呢？也许工程的进度会比现在快一点儿，但是在市民的反对声之中，在无数的矛盾之中，我想最终只会是政府和市民两败俱伤。

在调解矛盾的问题上，首尔市还有一个重要的制度就是矛盾管理审议委员会制度。这个制度是为尽可能地预防矛盾发生而制定的。从之前的经验来看，很多矛盾都是完全可以在发生之前就被抑制住。如果我们能在做事之前做好充分的准备，考虑好应对方案的话，往往能够取得事半功倍的效果。

现在读者们大致明白矛盾调解员、矛盾管理审议委员会的作用和职责了吧。其实他们最重要的职责之一就是敬听，通过敬听来预防矛盾的发生，通过敬听来解决问题。而在敬听之后需要做些什么呢？那就是到现场解决矛盾了。我其实很看重矛盾调解员们的工作经验。比如，遇到劳动工人方面的问题，我想由本身就从事劳动行业的调解员来解决是最合适不过了。

想要根本解决矛盾，亲自去事发地见当事人才可能找到事情的

第二部分
如何敬听，敬听又能换来些什么

解决方法。比如，有个人想要面包，但是我们手上的面包太小了，根本拿不出手。如果我们直接说"没法儿给你面包"当然是不行的，这时候我们就需要对话。我们需要仔细询问对方为什么想要面包，是不是因为肚子饿了？是不喜欢吃米饭吗？还是想带给父母兄弟吃？我们需要知道对方的想法，就算我们给不了对方面包，也可以通过其他方法解决对方的问题。

其实这是一个很自然、也很简单的道理，只不过我们一直没有尝试着去做。首尔市政府在和因公殉职的职员家属协商时，都会叫上相关部门负责人。比如，在和因公殉职的建筑工人家属谈话时，就会叫上建筑建设部门的负责人。由相关部门的负责人出面和家属们协商的话，就能避免很多不必要的误会和问题。我们首先需要做的是了解家属们的诉求，然后尽可能地满足他们。补偿不是给予家属们高额的补偿款就可以了，更重要的是要抚慰家属们受伤的心。

前不久，市政府和地铁劳工行会发生了矛盾。由于牵连到大众交通的问题，若矛盾拖得时间很长的话，不仅会给当事者双方造成麻烦，甚至会给整个首尔市的市民带来不便。于是首尔市政府和劳工行会的工人们进行了协商，虽然不能完全满足他们的要求，但是通过其他的方案解决了他们的根本问题，从而使得事情得到了圆满解决。其实在劳动政策决策、失业者再就业、与劳动者交流等问题上都可以采用同样的方法。首尔市凭借这种方法也确确实实解决了很多矛盾，如斗山工人罢工事件、出租车费上涨问题、鹭梁津自来水管浸水事件、榜花大桥连接道路施工现场事件、首尔大公园老虎饲养员死亡事件，等等。这些事情的顺利解决归根结底都源于我们肯设身处地为对方着想的态度。"劳工行会就是一群想要提高工资的自私的人""因公殉职职员的家属们根本就是冲着赔偿金来的"，如果我们一直抱有这样的想法的话，事情只会越来越糟。

矛盾的解决从参与开始。由于为残疾人设置锻炼健身器材，我们和在健身器材安装点周边居住的市民发生了很多矛盾。行政部门认为这些设施是很有必要的，一定要放，但是市民们却认为这是劳民伤财。双方各持己见，争执不下。我们需要找到中间的平衡点。最后行政部门和市民进行了协商，找到了那个行政部门和市民都可以接受的限度。虽然这个过程耗费了很多的时间和精力，但我们得到了令双方都满意的结果。其实市民在日常生活中，也可以通过这种方式解决生活中的小矛盾。

对话开始于理解对方的心，就像我曾经为静坐示威者李先行先生送去遮阳伞一样。有人觉得我有给示威者送遮阳伞的精力和时间，还不如好好想想怎么解决这个问题。我们为什么不能先从了解对方所想入手呢？示威者往往是十分倔强的，他们不会轻易低头。

第二部分
如何敬听，敬听又能换来些什么

硬碰硬根本解决不了问题，弄不好还会两败俱伤。所以我会首先设身处地地为他们着想、关心他们，这样他们才会放下戒备和我对话。

有一次，某个事件的受害者家属在协商途中突然开始了静坐示威，于是我又像上次一样劝她到遮阳伞底下坐着，不要晒坏了自己。她对我说为了自己死去的丈夫，自己吃这点苦不算什么。几天之后，我听说那位女士晒晕被送去了医院，检查结果显示没有什么大问题，是连续几天的暴晒和过度疲劳导致的。后来我去医院看她的时候问她为什么当时不听我的话，不肯去遮阳伞底下坐着。听了我的话，那位女士不好意思地笑了。

在这个过程中我好像并没有做什么实事来解决问题，但是自此以后，遇难者家属们发表声明的措辞再也不像从前那么偏激了。这就是沟通的力量！

热恋告白，炙热的沟通
九老G瓦利

读者们，你们做一个决定需要经过多少步骤呢？很多调查显示，现代社会人们做决定的时候，一般都会考虑诸多因素，需要经过很多步骤。许多组织会为了提高工作效率明确规定做决定的程序。经过充分商议，谨慎做出的决定往往是明智的。

但是很多公司的职员会以工作繁忙、自己很辛苦为借口，他们厌烦公司日复一日的会议，也就代表他们对公司失去了希望。本来应该一起讨论公司业务的会议上，却没有一个人张口说话，员工们的心思根本就不在会议上。这样的会议本身就是浪费时间。

我希望首尔市政府召开的会议不会有这样的情况。那么大家对政府会议有什么样的印象呢？用冷静的表情看着材料的公务员们、

第二部分
如何敬听，敬听又能换来些什么

致完开幕词就匆匆离开的市长、还是像旁听者一样只会鼓掌的市民们？我想大家即便没有亲自参加政府会议，大概也知道这些情况吧。改变这些对我而言是一种挑战，也是一份必须完成的作业。下面我给大家介绍的是首尔市政府召开的比任何会议都更漫长、次数更频繁的会议，而与会者却都充满活力和热情。

首尔市九老区的中型企业非常多，拥有近一万家与IT、服装有关联的中型企业，这里被人们称作"G瓦利"。"G瓦利"这个名字其实来自中央政府的一个野心勃勃的计划。九老工业区是一个承载了韩国七八十年代产业化具有代表意义的地方。在这里进行经济改革的计划本身是很好的，但是经济改革之后就不管不顾怎么行呢？首尔市政府在制订出经济改革计划之后，一直没有积极出面促进这里的经济持续发展，而只是袖手旁观。所谓的"G瓦利"渐渐沦为了首尔市政府行政的死角地带。

我在知道"G瓦利"之后制订了我的"九老敬听计划"。在2012年4月，我召开了"G瓦利希望政策大会"，请来了在这里工作的市民并认真敬听了他们的心声。之后我以商人和公务员一体化的概念建立了"G瓦利发展协议会"，在这里光是公开会议我在6～11月间就召开了4次，除此之外的非公开会议更是举行了10次之多。我会尽可能地参与到这些会议中，实在没有时间亲临现场也一定会看会议报告书。我还曾将在"G瓦利"工作的市民们请到市厅来一起探讨"G瓦利"的发展问题。

大家可能会想:"只是多开几次会有什么用呢?"首先我要声明的是,这些会议内容并不是首尔市在做出决策之后通知大家的,而是和大家一起商议我们该做些什么。也就是说,只是在决定怎样发展"G瓦利"上就花费了这么长的时间,经过了这么多的步骤。

如果在过去,情况会是什么样的呢?看见"G瓦利"经济不行了,市长最多也就是叫公务员去请几个濒临破产的企业业主一起吃顿饭,安慰安慰他们罢了。关于政策决策问题,政府只会关起门,可能连问都不会问市民们的意见就发表决策了。但是这样是不行的,我们在任何时候任何地方都不能忘了敬听。

现在首尔市政府在"G瓦利"问题上会给予市民充分的发言机会。这并不代表首尔市政府在推卸责任,而是首尔市政府学会了如何去敬听市民们的意见,如何去看清事实。这正是我一直以来的梦想,现在我已经梦想成真,首尔市就"G瓦利"问题一共召开了10次会议,每一次会议的气氛都很热烈,看到这些我实在是很欣慰。

还不止这些,不知道读者们还记不记得我前面提到的社区市长

第二部分
如何敬听，敬听又能换来些什么

办公室？2013年5月，在"G瓦利"也设立了社区市长办公室，为的就是核定上年的经济计划成果，了解市民们的反馈。9月份，为了确定4月份时在社区市长办公室提出的问题是否已妥善处理，我又在"G瓦利"召开了一次报告会。

人和人的相处要经历漫长的过程。比如恋爱，通过一次次的约会，一起出来吃吃饭、逛逛街、看看电影，两人才能慢慢培养出感情。而首尔市政府和"G瓦利"一次次的会议，是不是也可以当作恋爱时的一次次约会呢？首尔市政府和"G瓦利"也就是通过这一次次的"约会"而互相了解对方的真心。"G瓦利"开始相信首尔市是一个信得过的合作伙伴，而首尔市政府也知道了"G瓦利"的难处和需要获得帮助的地方。

有人向我提议说自从我上任以后，"G瓦利"的面貌已经焕然一新，为什么不换掉"G瓦利"这个名字呢？但是我并不想给这个地方重新命名。我认为，与改名字相比，更重要的是"G瓦利"这个地方发展得越来越好，至于是谁通过什么方法改变了这个地方并不重要。"G瓦利"这个名字虽然听起来有些奇怪，但它仍是一个很有意义的名字。重要的并不是表面，而是一个东西的内在含义。

在我当上市长之前，连"G瓦利"是什么都不知道。后来有人告诉我那里有将近一万家企业,我才知道那里就是九老。从那时候起,我就觉得只要能好好经营这个地方,说不定它能成为比美国硅谷更好的商业区。就像德国的莱茵河奇迹一样,如果朝着工业园方向发展的话,还可以将这个地方打造成世界级的观光地。

想要实现那些美好的想法,就要先将目前的问题一个个地解决掉。我在和"G瓦利"企业主们碰面时,他们反映的最多的就是环境问题。他们告诉我这个地方的车辆太多,也没有什么休闲娱乐场所,客人来到这里也不能好好地接待。

听了他们的话,我顿时明白了很多事情,在中小企业的所在地也应该以人为本。我们现在该做的就是营造一个可以让市民们幸福生活的环境。拯救中小企业,不能只注重经济方面的问题,其实韩国小型企业的职员们的生活环境很差。经过无数次的沟通和交流,我决定首先从"G瓦利"的生活环境着手解决问题。

第一个就是市民们屡次向我提到的堵车问题。我也注意到这里一到上下班时间道路的确堵得水泄不通。在这里生活的市民越来越多,道路却和以前一样宽,公共交通工具数量也还是和以前一样多。另外,在这里上班的职员很多,而可以供他们休息娱乐的地方却很少,很多职员为了工作而搬家到这里,附近却没有像样的幼儿

第二部分
如何敬听，敬听又能换来些什么

园；很多客户从大老远来到这里，却没有一个能好好接待他们的场所。总而言之，"G瓦利"就是一个市民们辛辛苦苦工作了一天，还要面对糟糕的生活环境的地方。在这里生活的公司职员们根本没有闲情逸致去发挥自己的创造性思维，他们在业余生活中得不到好的休息，上班时自然也就没精打采，应付了事了。

本该在公司尽情发挥自己的创造力并认真工作的职员们，在这样的环境下生活是不行的。人类的进步源于创新，想要职员们有创意，就应该先保障大家有一个舒适的生活环境。不仅"G瓦利"有这个问题，其实整个韩国社会都存在这个问题。工作很卖力，效率却很低的原因就在这里。

"G瓦利"产生交通问题是因为进入"G瓦利"的道路只有一条。我们需要加建"G瓦利"的主干道，开通通向这里的地铁来治理拥堵。还需要建造自行车专用车道以及自行车租借处，引导市民使用环保的自助交通工具。此外，基本公共设施、教育设施、公园、酒店等都要有计划地一一建起。

在这里生活的人大部分是公司职员，他们每天都很忙碌。我当然也希望他们可以在业余时间和朋友们、亲人们一起面对面进行交流，但是很多时候他们并没有时间去见朋友们。

基于这些原因,不久前我开展了"G瓦利企业市民听"活动。也就是将"G瓦利"的企业主们和职员们聚集到大型的会议室等地方,进行一系列的商业培训以及文化教育等活动。在这里企业家之间以及职员们之间可以谈论企业经营的事情,也可以聊一些轻松的话题,我相信通过这些交流可以促进"G瓦利"的发展。

除此之外,关于"G瓦利"的事例还有很多很多。比如,"九老工业区历史纪念项目"。之前我也提到"G瓦利"是一个极具历史意义的地方,我认为可以借助历史来提升"G瓦利"的文化价值。"九老工业区历史纪念项目"正是我为了将"G瓦利"打造成过去与未来相联结的地方而开展的一个项目。

"一万个岗位"计划是我一直希望并迫切想要达成的目标之一。政府在为市民们提供各种支援政策的同时,还要为市民争取充足的就业岗位才行。在"G瓦利"有近万家企业,每个企业多增加一个岗位就能为市民多争取一万个就业岗位。努力为市民谋取就业岗位的同时,首尔市政府也正在根据企业的需求积极培养新时代人才。

虽然是我提出的这些政策,但是真正的实行还要靠这里的市民

第二部分
如何敬听，敬听又能换来些什么

和公务员们。在"G瓦利"相关政策的实行上除了市民和公务员之外，还有一个重要的角色就是"G瓦利发展协议会"。在"G瓦利"政策的实行过程中，我担任的并不是很重要的角色。我常将首尔市政府和"G瓦利"的关系比喻成新婚夫妇，而且我保证首尔市政府将会一直"爱"着"G瓦利"。我希望有一天可以自豪地跟大家说："通过沟通的力量，'G瓦利'走向了辉煌。"

很多人看到热恋的情侣时，常常会想："有必要这么频繁地见面吗？"虽然我也不赞成太过频繁地交流，但是太频繁总比缺乏沟通好得多。大家会选择用什么方式帮助自己和别人更好地沟通呢？沟通的次数固然很重要，但是更重要的是用心。中国有句古诗："两情若是久长时，又岂在朝朝暮暮。"讲的就是双方只要彼此真诚相爱，即使终年天各一方也比朝夕相伴的庸俗情趣可贵得多。真心相爱的恋人见面的次数多少绝不会影响他们的感情。我希望人们都能像真心相爱的恋人那样用炽热的心沟通。

我将"小商贩""摊贩"之类的名词改成了"交易商人""移动商人"。表面上看起来好像只是改了几个字，但是这代表着我没有将他们当作以贩卖小商品为生的人来看待，而是将他们看作孩子们的父母、我的朋友、邻居。这也是我特别注意沟通用语的原因所在。

第二部分
如何聆听，聆听又能换来些什么

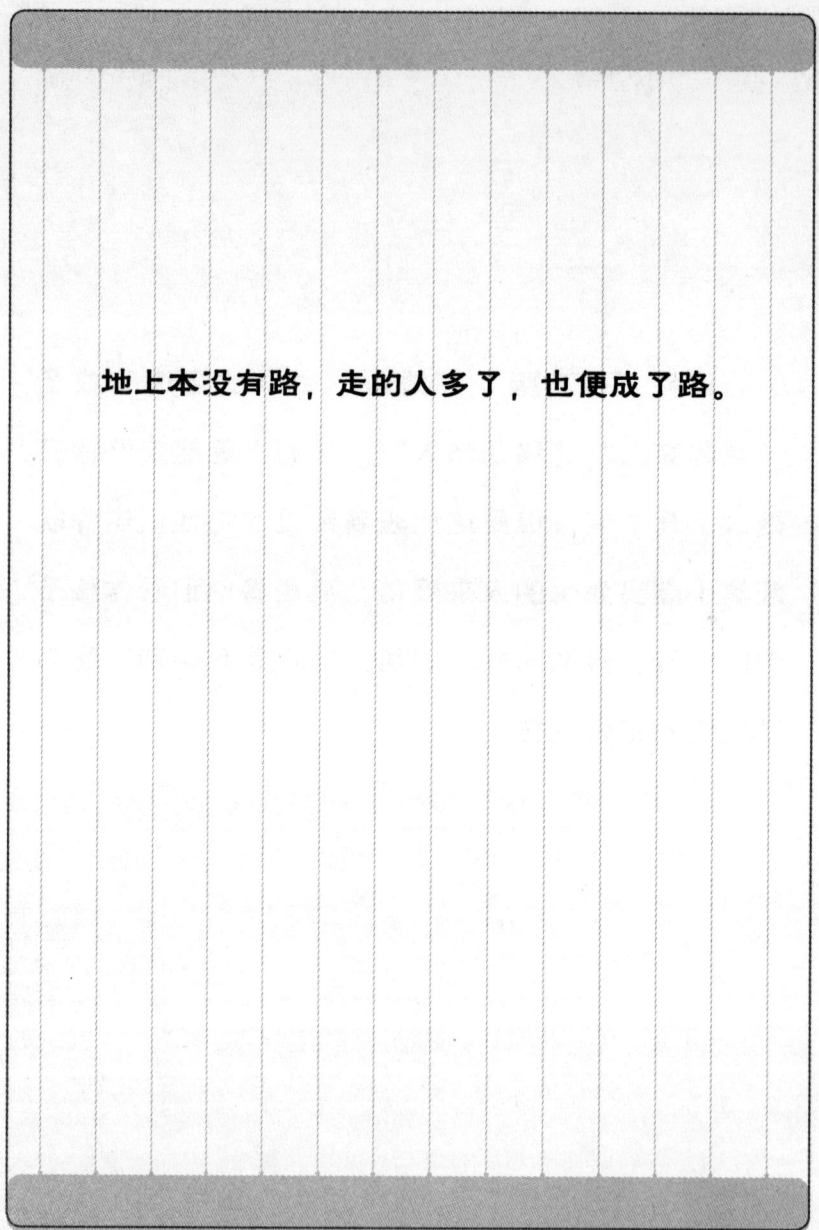

地上本没有路，走的人多了，也便成了路。

脚踏实地地妥协
麻谷地区开发项目

不知道大家对妥协行为怎么看？虽然要视情况而论，但是一般来说，在不违背原则的前提下我们要学会适当地妥协。世界上没有什么事情是绝对的，不能完全不妥协，也不能太轻易妥协。无论我们选择妥协还是不妥协，都不能违背自己的原则，重要的是把握好度。只是为了一己之私而像墙头草一样两边倒的妥协，是十分自私的行为。

要想把握好度，我们就要根据自身的情况认真掂量才行。一般来说，从事市民团体事业的人是不会轻易向他人妥协的。他们往往十分极端，和别人吵架弄不好就要绝交也是常有的事。他们认为只有用这种态度才能坚定自己的立场，去刚正不阿地批判政府并壮大

第二部分
如何敬听，敬听又能换来些什么

市民集体的力量。

从前身为市民团体一员的我多少也有些倔强。但是自从当上市长，我就慢慢改变了，我渐渐领悟到越是难解决的问题越是需要耐心地沟通。为了促进首尔市的发展，我要求自己尽可能地去见更多的人，去听他们的心声。如果我只挑和自己性格合得来的或者价值观相同的人见面，那么我可能会一事无成。即使价值观、人生观或是性格不合也没什么，沟通可以化解一切矛盾。我们需要用沟通拉近彼此的距离。

我前面一直提到的妥协，并不是指带着虚伪的笑容并强迫自己和不喜欢的人去说那些表里不一的话，然后回过头来依然我行我素。我强调的妥协是指真正努力尝试放下自我，倾听别人的话并接受别人好的意见。

我想大家在听说现任市长从前是从事市民团体事业后，多多少少都有过一些担心吧？会怀疑这个市长是不是一个做事有分寸的人呢？会不会太感情用事，不考虑现实问题呢？事实上我并没有花费很长时间去特意寻找那个合适的"度"。在当上市长以后，我开始思考市长的职责究竟是什么？想要真正解决问题应该怎么做？思考这些问题的时候，我很自然就找到了"度"在哪里。

脚踏实地地妥协

如果让我举例说明妥协的力量，我一定会选择麻谷地区的事例。麻谷地区是首尔市唯一一个还未开发的地方。它的确是被首尔市政府忽略了很多年的地方。在我上任的时候，市政府就已经制订了发展麻谷地区的计划，并开始实行了。只不过这个计划并不是那么合适，起码现在看起来是这样的。当时政府想着只要推平土地建好高楼大厦，自然就会有人来这里生活了，但事实并不是这样。这种思想已经不适用于现代社会的人们了，现在的人们更加注重生活品质。他们需要一个更便利、更繁华、更现代化的生活环境。于是我开始重新制订麻谷地区发展计划，希望能够用这个计划发掘出麻谷地区的潜力，从而让首尔的经济实力更上一层楼。

虽然我十分坚定我的思想，但还是有些现实问题急需解决。刚才我已经说过了，之前首尔市政府制订的计划已经在实行了，目前建好的大楼也有好几栋了。一定会有市民和市议员希望能够按照原计划进行开发。我不能完全忽视这些市民和市议员，也不能全盘否定之前的发展计划，更不能把已经建好的建筑推倒重建。我想我需要和市民以及市议员一起坐下来商讨该怎么做才能真正使麻谷发展起来，然后修改之前的发展计划。

而且，我和市民们一起组建了"促进麻谷发展团"。仅仅是修

第二部分
如何敬听，敬听又能换来些什么

建一个公园，我们就进行了31次讨论，动员了60余名专家。同时我们也征求了参与麻谷地区开发的企业代表们的意见。我还向局长级别的"促进麻谷发展团"领导人下达了指令，要求他24小时待机，随时接听企业代表的投诉申告电话。企业家们得知我下达了这样的指令后，纷纷下定决心投资麻谷发展事业。

就这样，我们终于确定了最终的发展方案。我们将麻谷未来的发展分为住宅、产业、经营和医疗机构4个区块，并分别制订了相应的计划。特别是在住宅方面，未来我们要建设绿色房产并营造一个现代化住宅环境。为了建设现代化住宅小区，我们做出了很多新设计。比如，拓宽人行道，楼层多样化，等等。而在产业方面，我们制订了"R&D开发研究"的计划。首先要做的是放宽标准，也就是尽可能在经济方面大力支援中小企业，并且为这些中小企业职员提供住房福利。对企业家来说，像这样好的条件在首尔可能再也不会有第二次了，当然没有理由错过。我相信借助这些政策和计划能使新开发的项目和之前已经建好的项目相互融合，从而促进麻谷发展成为特色经济区。

其实对政府给麻谷地区企业特惠而感到不满的人也不少。但是就像维持生态平衡就必须保证动物的多样性一样，经济持续发展不能光靠大企业，中小企业也至关重要。R&D计划就是为了保证大企业、中小企业以及IT行业和BT行业的均衡发展而制订的。只扶持一家大企业，经济很难长久发展下去。正是鉴于这个原因，我在选取麻谷地区率先发展企业的时候也特意减少了大企业的比重。

麻谷地区发展计划中最有意思的一个部分就是建造公园。我们准备建造一个像新加坡的植物公园一样的城市中心自然公园。建造植物园需要人工制造的仿自然公园，我们准备建造一个大约是汝矣岛两倍大的城市中心自然公园，并致力于将麻谷打造成韩国最大的生态公园。相信建成之后这里会吸引世界各地的众多游客，变成世界著名景点。

我对这个城市中心自然公园很感兴趣。我认为这个主题和麻谷十分相配。麻谷与汉江相接，和首尔其他地方不同，这里有田地又是洼地，绿化面积也很大。总而言之，这里充满了自然的趣味。我们没有理由放着这么好的自然条件不利用，而在这里建设首尔遍地都有的高楼大厦。

有了这么完美的计划，现在只需要努力去实现它就可以了。麻谷是一个让人自豪的地方。在这里有73万个商家和61所大学，是一个经济和文化共同发展的地方。麻谷和国际机场邻近的地理位置，使得麻谷有绝佳的进军世界的先天条件。从这里去北京、东京、上

第二部分
如何敬听，敬听又能换来些什么

海只需要2~3个小时。我们有理由相信麻谷今后很有可能会成为首尔市的黄金地带。

在为建设麻谷地区做宣传的同时，还发生了一件令我感到十分荣幸的事情。我们在宣传麻谷地区时曾经用过"房产业的三大傻瓜"这个广告语，后来在2013年11月，这则广告被某新闻社评为年度优秀广告语。当然这个奖绝不是我一个人的奖，其实这个广告语也是结合了很多市民的建议才创作出来的，是通过沟通的力量才得到的荣誉。正是因为这个奖是和市民们一起努力得来的，所以这个奖对我来说比任何一个奖项都更珍贵。

广告语"房产业的三大傻瓜"指的就是不知道麻谷地区的人；知道却对麻谷地区不感兴趣的人；知道麻谷地区也感兴趣却迟迟犹豫，不预购房子的人。套用这句话，即不知道去沟通的人、知道沟通却不感兴趣的人、知道沟通也感兴趣却迟迟犹豫不去实际行动的人，就是"沟通上的三大傻瓜"了。我希望每个人都是明智的人而不是傻瓜。

现今房产业十分不景气，但麻谷地区的房屋出售率却超过了85%，这绝不是偶然。对于踏踏实实过日子的市民来说，买一套房子不是儿戏，在买房之前他们一定会仔细调查房子的方方面面，然后才会行动。如果我们的房子真的金玉其外败絮其中的话，那么再怎么好的广告语也都无济于事。请大家不要忘了在最开始决定重新制订发展计划的时候，市民是做出了"妥协"的，如果没有当初市民们的"妥协"，绝对不可能有麻谷地区的今天。而我在这里也要告诉大家：首尔市政府今后也会为了市民的利益不断地做出适当的"妥协"。

| 第二部分
如何敬听，敬听又能换来些什么

《来自星星的你》，无懈可击
东大门设计广场（DDP）

我在思考市厅的用途时，有了这样的想法：建设建筑物的时候一定要考虑它的用途，根据这栋建筑物今后的用途去建设它，这是应该坚持的原则。首尔市正在建设的循环使用中心之所以迟迟没能竣工，也就是基于这个原则。循环使用中心要建得像个循环使用中心。为了循环使用才建设的建筑物，内部却使用自来水和木材等自然资源来建造，还有什么意义呢？从开工到竣工再到之后的投入使用，这整个过程都要使用和循环利用相关的资源才真正环保，不是吗？

基于这个出发点，首尔市政府在订购公共建筑材料的时候没有从之前的厂家订货，而是进行了公开招标。有时候建筑材料价格高不一定代表就能建设出坚固的好的建筑物。我们的目的是建设出符合建筑用途的质量好的建筑物。

东大门设计广场（DDP）的建设计划也是在我上任前就制订好并已经实行了。这是一个十分宏大的计划，有很多国际知名的建筑家为此出谋划策，政府为此也注入了超过4000亿韩元的资金。这个计划本身的意图好，市民对这个计划的反应也很好。但我还是开展了一番调查，并召开听策讨论会和大家共同讨论怎么样才能最大限度地发挥这座庞大建筑物的价值。

东大门设计广场（DDP）本来的名字定为"设计专业文化建筑"，后来改成了"市民综合文化空间"。原因是"设计专业文化建筑"这个名词对市民来说太难理解了，市民很难参与到其中来。我亲自到东大门的商业街区调查的时候发现由于"设计专业文化建筑"计划，这里的商家都停止了晚间营业。这种运营方式实在叫人担心！不论是什么计划，都一定要符合原有环境才能够实现，东大门市场是一个和钟路的贵金属业、忠武路的印刷业、昌信洞的缝制行业、还有黄学洞的小商品市场都有着密切商业关系的市场。我们不能为了"设计专业文化建筑"计划就禁止东大门市场晚间营业。

还有一个大问题就是运营这个广场每年要耗资近200亿韩元。

第二部分
如何敬听，敬听又能换来些什么

于是我计划通过聘请退休职工或者引入服装和设计商家收取入驻金等，来减少东大门设计广场的运营费用。我希望最后能够找到一个更完美的方案来解决运营费的问题。

除此之外，DDP计划在收益和外观上还有一个令人头疼的问题，去过东大门的读者应该都知道东大门商业店铺林立，甚至可以说东大门已经被这些小商业店铺占领了。如果再建造DDP的话，势必又会引来一大批商人来这里开店。

也许有人会觉得再多几家商业店铺也不是什么大问题，但是我不这么看。公共建筑是为了促进市民沟通而建造的，就像它的用途一样，它的形象也十分重要。打着国际性建筑的名号，周围却开满了喧闹的小商业店铺，那么国际性建筑和普通市场又有什么区别呢？市场到处都是，人们又有什么理由特意到这里来呢？建筑物建造得宏伟壮观，周围环境却喧闹不堪的话，实在是有些不协调。我认为有必要采取措施解决小商业店铺的问题。对于周围违反规定的商业店铺必须严厉管制，但这做起来很难。说得难听点，撤除违法商铺的事根本就不是人做的事，毕竟这些违法商铺都是本来生活就艰难的商人们的生计啊！撤除违法商铺的时候，免不了会发生各种冲突。而且这样的违法商铺很难根除，今天撤除一家，明天可能又会多出三四家。再说，在撤除违法商铺方面，也没有什么专家能为我们出谋划策，其他与DDP相关的所有方面我们都可以得到专家的帮助，但是在这个问题上没有人能帮到我们。我不得不亲自出面解决。

有句话说："躲不掉的事情就干脆尽情享受吧！"既然根除不了小商业店铺，那么就让我们来好好管理小商业店铺吧！于是我下定决心并很快开始着手这件事。我先规划出允许开设商业店铺的区域和严禁开设商业店铺的区域。我们要将一部分特定区域的商业店铺撤除。

很快我们就规划出来允许开设商业店铺的区域，然后在这个区域里按照服装、鞋帽、珠宝首饰、饮食等类别分开安置这些店铺。接着就是优化这里的环境，将这里打造成高品质商业街。这样一来，东大门商业店铺的面貌得到了很大的改善，从以前的帐篷小店变成了现在的国际化的现代商店。

把商业店铺的外观打造得像宇宙飞船一样，就算是真正国际化的商业街了吗？当然不是，内在也必须得像《来自星星的你》一样无懈可击才行。只有这样才能保证实际运营效果。于是我们决定在保留原有的小吃之外，再引进更多的食品，特别是外国人都觉得很神奇的炒年糕、生章鱼、蚕蛹之类的韩国传统小吃。为了消除之前

第二部分
如何敬听，敬听又能换来些什么

大家对东大门商业店铺的不好印象，我们计划对这里的商业店铺主人进行卫生和服务培训教育活动，以此来提高这里商家的卫生标准和服务态度。这一切计划都需要通过和商家不断地沟通来实现。强制实行的话，很容易功亏一篑，适得其反。

要想真正实现国际化标准，仅靠DDP计划的工作人员是远远不够的，起决定作用的是这些店铺主人的配合。我要强调的是现在我们所做的一切，不是要断掉商人们的活路，而是为了使东大门这片土地发展得更好。

其实直到现在，我都还在苦恼DDP内部该怎么安排才好。虽然市民们也提出了很多好想法，但是这毕竟不是一件小事。我希望能够制订出一个一石二鸟的计划，既能够顾及商业店铺和市民的意愿，还能够最大限度地促进东大门地区的经济发展。

想要看见对方的真心,自己事先就要做好沟通的准备。另外不能靠强制来树立自己的权威,而是要抱着谦虚的真心来换得对方的真心。

> **第二部分**
> 如何敬听，敬听又能换来些什么

用市民的力量奔跑
地铁9号线

我一直在强调市民要树立主人翁的意识才行，这实在很重要。只有市民真正成为了首尔市的主人，首尔市才能发展得越来越好。

在首尔市江南区有一个叫作"神话树林"的地方。在这片"神话树林"里，种着1130棵各种各样的树。这片"神话树林"是人气组合"神话"的粉丝们为了纪念"神话"出道15周年而建造的。这里的每一棵树都写着一位"神话"粉丝的名字。"神话"在国外也很有人气，他们的粉丝中有不少外国朋友。这些外国粉丝甚至会不远千里飞到韩国来跟写着自己名字的树合影留念，顺便在韩国购买一些与"神话"相关的商品，当然也不会忘了尝尝"神话"代言的炸鸡。

据说很多发达国家会用市民的名字来给街道或是公园长椅命名。我想如果有人用我的名字给某个公园的长椅来命名的话，我一定会带着我的亲戚朋友去那里看一看。其实用市民的名字给某个地方命名不是什么大事，但是这里面却蕴藏着很深的含义，传递出了城市和市民之间浓浓的爱意。公共设施也可以成为政府和市民沟通的小工具。

地铁9号线的问题就是以市民的名义解决的。虽然最终的结果是好的，但是过程并非一帆风顺。下面我就来为大家讲述一下地铁9号线的故事。

之前我一直认为在公共交通方面，政府应该将主要精力放在重要的交通枢纽上，在地铁9号线出现问题以前，我一直都没有注意过这条不起眼的支线。就这样，有一天地铁9号线突然出现了问题，从前900韩元的地铁票价突然上涨到了1500韩元。事实上，相关工作人员和首尔市政府协商这个问题的时候，政府还没有给出明确答案，工作人员就自作主张把价格上调了。

近几年首尔市政府和承包地铁9号线的公司的关系闹得很僵。承包地铁9号线的公司一直想要摆脱市政府的管束，而首尔市政府

第二部分
如何敬听，敬听又能换来些什么

只一味地退让，最终导致问题的发生。一开始市政府和承包公司签约的时候，承包公司当然是没有权利自行调高地铁票价的，但是在首尔市政府和承包公司召开了几次协商会议之后，承包公司的气焰开始越来越高，首尔市政府又一再忍让，于是变成了现在这样。

这件事的主要责任在于首尔市政府，并不能怪负责相关事项的公务员们。其实公务员的工作流动性很大，刚开始负责这件事的公务员可能到了后半程就被调到别的部门了。相反，承包公司却聘请了最好的律师来仔细、长期研究9号线的相关问题。首尔市政府对9号线的了解程度自然不如承包公司了。

我承认在这件事情上，政府是有过错的，但是事已至此，我们该想的是如何弥补过失。如果是两个私人公司之间出了这样的问题会十分难办，好在这件事涉及的是政府和私人公司，问题的对象是关系着全体市民的公共交通。我认为事情的突破点就要从这里下手找，并且也确实让我找到了。

地铁9号线的直接承包公司目前在韩国，而投资这家公司的公司在美国。投资公司的根本目的就是利润，所以实际上韩国的承包公司所创造的利润都被美国投资公司收取了，而韩国的承包公司则欠下了巨额的债款，公司的财务现状很不好。这样的公司根本就是一个傀儡，一旦没有了投资公司这座靠山马上就会倒台。

公共交通工具哪怕只是发生一个小问题都可能带来很大的影响，这么重要的交通工具却被一个傀儡公司掌控着，想想都令人胆战心惊。我以这个理由提出了解除合约的要求，并试图去寻找支持我的观点的相关法律条例，最终功夫不负有心人。根据法律条例，即使政府和私人公司签订了合约，但是在公共交通问题上政府有权利强制解除合约。

在形势渐渐好转之后，政府和承包公司进行了协商。本来妄想在30年间大赚一笔的美国投资公司，只好在拿了400亿韩元赔偿金后乖乖地撤走了。这次协商为首尔市政府和市民节约的钱，简直算是天文数字了。

我希望能用市民的力量让好不容易收回来的地铁9号线再次奔跑起来。事实上，首尔市也没有多余的钱再去建设地铁9号线了，所以我决定以市民基金的形式来运营9号线，让市民成为政府的股东。虽然利率只比银行高出了一点，但是市民们出于对首尔市政府的信任纷纷积极出资，争当地铁9号线的主人。在"地铁9"市民基金开售的第一天，我也特意去了一趟银行。大家对"地铁9"市民基金的热情比我想象的还要高，看到这么多为了投资而来银行的市

第二部分
如何敬听，敬听又能换来些什么

民们，我决定将"主人"的位置让给他们。我到现在还记得从银行回来的路上心情是多么愉悦，我一路上都在想："这下子市民就成了地铁9号线真正的主人了！"通过这件事，我更坚定了在公共设施方面要维持一定的民间资本的想法。

为了不再重蹈覆辙，我还决定在首尔市内成立"合约审查团"。毕竟公务员不是专业的法律人士，很容易发生此类失误，所以我们需要请专业的律师和会计师来审查首尔市政府的所有合同，这样才能保证今后不会再有与地铁9号线类似的问题发生。

让市民当上主人的过程实在是不简单吧？当时面对地铁票价猛涨，自己却无能为力的感觉让人坐卧难安。然而，危机背后往往隐藏着机会。经过这次危机，我们也看到了新的可能性。地铁9号线问题的顺利解决让我近来积压的疲惫感和压力一扫而空。地铁线换了新主人，而且我们因此防止了巨额税金的浪费，所有的事情都在往好的方向发展。虽然我们不会重蹈地铁9号线的覆辙，但是现在我有自信保证今后即使再发生这种事情，最终我们还是会通过市民的力量战胜困难。

我很喜欢广场，因为广场是一个开放而广阔的空间，是可以供大家一起使用的空间。

第二部分
如何敬听，敬听又能换来些什么

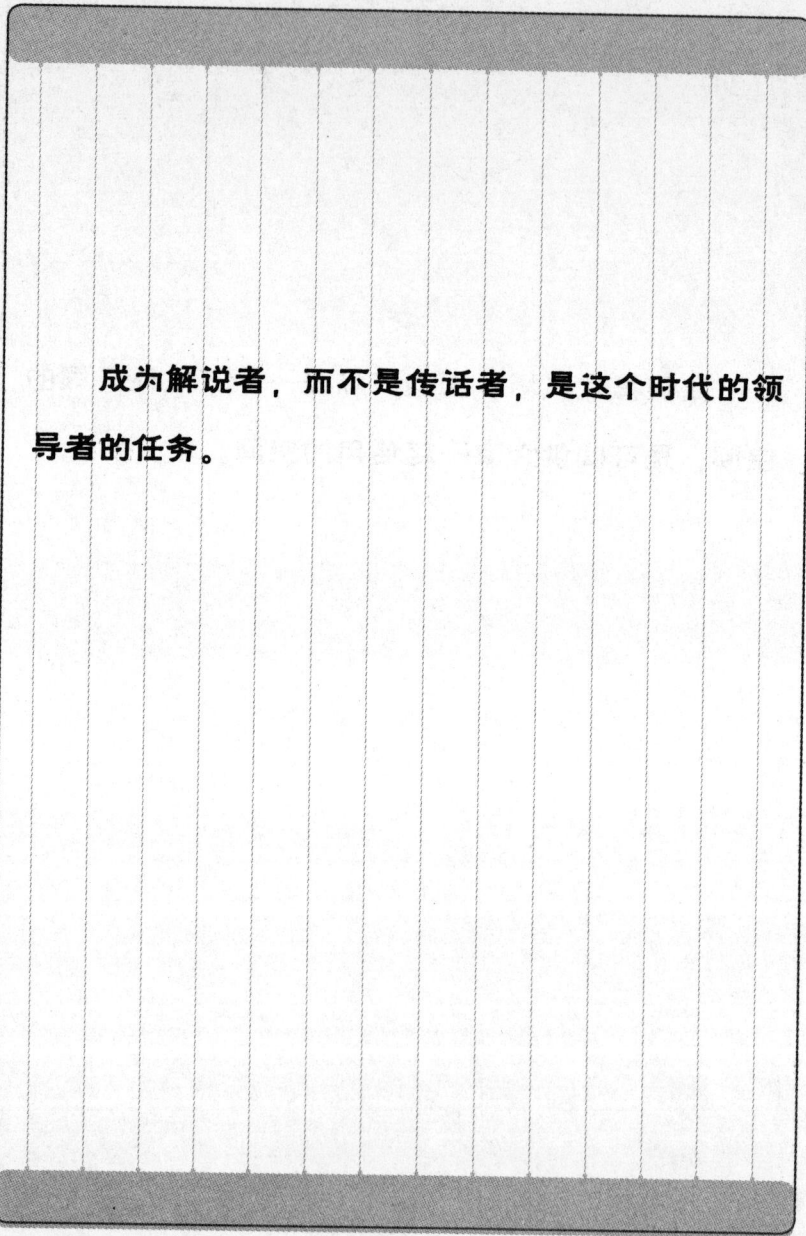

成为解说者，而不是传话者，是这个时代的领导者的任务。

尖端行政的胜利

深夜大巴

　　《易经》里面我最喜欢的一个词就是"开物成务"。它的意思是通晓万物之理，得以办好各种事情，通常指商人们要上知天文下知地理才能做好生意。商人要这样没错，但是从《易经》的角度来看，我们也可以这样理解：每个人都是有能力的人，只要找到发挥自己能力的方法，就能充分发挥自己的能力使万物升值。

　　《汉书》里有一个成语——"鸡鸣狗盗"，意思是学雄鸡鸣叫，装狗进行偷盗。该成语出自孟尝君的门客学狗叫偷得狐白裘和学鸡啼叫骗开城门的典故。虽然是卑微的技能，但是不管怎么说，好歹凭借这个技能渡过了难关。这个成语告诉我们，任何事物都有自己的价值，任何人也都有自己的可贵之处。

> **第二部分**
> 如何敬听，敬听又能换来些什么

　　集体生活中，自尊和尊重他人都是非常重要的。人是自私的动物，往往会根据自己的需求去判断。看重金钱的人，面对穷人和富人能够做到平等对待吗？我想不能吧。只有在金钱面前是不平等的吗？学历、地位、外貌等，还有很多因素可能会造成人与人之间的差别。而要人们放下自我，公平地对待所有人、尊重所有人确实不是容易之事。

　　但是对必须平等看待所有首尔市民的首尔市长来说，这是一个必须履行的义务。作为市长，连市民们一句无心之言都要牢牢记住，并且要做到尊重生活在社会最底层的人。越是生活艰苦的人往往越不愿意开口说话，所以我必须主动去接近他们并尝试和他们对话。

　　在政策决策上我还会去征求青少年的意见。我曾经和200名17岁以下的青少年们一起参加过一次讨论会，在这次讨论会之后我更加确定了今后在政策决策上要多听青少年的意见的想法是正确的。首尔市20岁以下的青少年有200万名，几乎占了首尔市总人口的五分之一。而我们一直以来都不够重视青少年的力量。于是我决定建立青少年议会，通过青少年议会来发掘青少年的潜在力量。

尖端行政的胜利

关于晚班公交车，就算政府不怎么关心也无可厚非。毕竟在深夜搭乘不到公交车和地铁也不算什么不合理的事情。政府只要说一句"现实条件不允许"就可以解决的事情，为什么我要这么大费周章地去做呢？原因就是这是一件有利于市民的事情，而政府的目标就是为人民谋福利。晚班公交车的提案最开始是由首尔市的大学生金秉秀提出来的。

在纽约，公交车是24小时运行的。而首尔也是个国际大都市，在这个城市有很多人都会工作到深夜。所以我开始考虑让首尔的公交车也24小时运营。我希望首尔也能成为纽约那样的不夜城。

每次我说到首尔晚班公交车的事时，都一定不会忘了提大学生金秉秀的名字。很多人在媒体界都会使用假名，但我认为如果是值得赞扬的事，还是应该用实名，这样才能让人们吃水不忘挖井人。

可能很多市民会说："市长好像根本没有做什么实事。"其实大家有这样的想法也是正常的，因为我一直认为我做的每件事都不是我一个人的功劳，所以从来不留名。首尔市并不是我的领地，相反地，我是首尔市民的公仆，市民才是首尔市的主人。再说我也的确没有以我的名义做过什么事，自从我上任以来做的每件事几乎都是在完善现在的制度。这之中大部分的主意还都是市民们想出来

第二部分
如何敬听，敬听又能换来些什么

的，我也不过是个市民意见搜集者罢了。这次的晚班公交车运行一事就是市民们的作品之一。

很多市民反映在深夜很难打到车，而且夜间打车费用也会比一般的时段高出很多。之所以会出现这种现象，就是因为在夜间出租车几乎算是个垄断行业，垄断行业要做到不涨价是很难的。我们必须想出一个办法让加班或是玩到深夜的人们能够坐上公交车或是地铁回家。深夜活动的人越来越多，而深夜可以乘坐的交通工具只有出租车，这样下去必然会出问题。也许我们早就该让晚班公交车在首尔市奔跑起来。

刚开始有市民怀疑在那么晚的时间段内会有乘客吗？晚班公交车能有收益吗？公交车司机深夜驾驶会不会很容易因为疲劳驾驶而造成交通事故呢？出租车司机会不会反对呢？但是在晚班公交车真正运行之后，这一切疑问都消除了。在试运行阶段，我们只开设了两条路线，却有超过20万名的乘客。深夜乘坐公交车的乘客比我们想象的还要多。

于是事不宜迟，我们马上着手增加路线。我们征求市民的意见，然后决定为晚班公交车取名为"猫头鹰计划"，并将路线增加至7条。为了防止因疲劳驾驶造成交通事故，我们不仅避免安排晚班公交车司机上白班，还在公交车上设置了提醒超速装置。由于晚班公交车都是在深夜运行，所以常常会遇到醉酒的乘客，为了保证其他乘客的安全，我们在车内安装了隔层。

关于晚班公交车，我们和出租车司机一共召开了5次讨论会。在讨论会上我们强调：晚班公交是一项造福全体首尔市民的事业，出租车司机的家人朋友也可能成为晚班公交车的乘客。最终我们获得了出租车司机们的理解。事实上也是如此，公交车司机的家人朋友也会乘坐出租车，出租车司机的家人朋友也有乘坐晚班公交车的时候。大家应该互相理解，共同发展。

晚班公交车成功开通的秘诀就是运用了大数据技术。让本来只在白天运行的公交车在晚上也运行有很多问题需要考虑，比如路线设计、规模计划等。在解决这些问题的时候，我们搜集了很多有关晚班公交车的资料。很多公交公司是因为担心晚班公交的收益问题，所以不肯开通路线。想要说服这些公交公司我们就必须拿出有说服力的数据才行。于是我们想到了运用大数据技术。通话量越大的地方人群也就越密集，根据这个理论我们开始分析移动通信社的通话资料。最终我们通过分析零点至凌晨5点这个时间段各地的通话量数据和出租车使用量数据发现，通话量最多的地方是弘大、东大门、新林站、江南、钟路、可乐市场、新村、汽车南站、建大入

第二部分
如何敬听，敬听又能换来些什么

口、鸭亭洞等地区，而深夜乘坐出租车数量最多的地方是江南、新林站、弘大、建大、东大门、江北区厅、新村、天号、钟路、永登浦等地区。

根据上述分析结果，我们将这些通话量和搭乘出租车乘客量最多的地方划分成了1250个小单位，再将这1250个单位按照流动人口数量和交通需求量划分出等级。然后我们还分析了之前的路线和时间以及周一到周日每天的流动人口和乘客总数。经过一系列精密的分析，最终得出了最佳的路线方案。

在试运行的时候，由于乘客太多，很多乘客都是一路站着回家的，这个问题在扩充路线以后也得到了很好的解决。乘客依旧很多，公交公司根本不必担心盈利问题。以公交车站为中心的周边地带也增加了很多短距离乘车的出租车乘客。自从晚班公交车开始运行到现在，从未发生过一次因乘客醉酒而引发事故的情况。

我通常不爱去炫耀首尔市的政绩，但是对于这次晚班公交车的成功运行，我实在是太开心了，我在Facebook上面发了一个开心的表情符号，还得到了很多市民的称赞。一想到现在首尔也跟纽约一样是一个不夜城了，我甚至感到有些难以相信。事实上我不止一次在和朋友们一起吃饭的时候自豪地提起过这件事。有机会的话，我也想乘坐一次晚班公交车并亲耳听听车上乘客们的意见。

　　运行晚班公交车是我做的所有事情里最受市民欢迎的一件事。因为这件事我获得了安全行政部颁发的总统奖。其实比起奖项，更让我满足的是通过尖端行政让首尔市成为了一个不夜城。大数据技术如果用于统治大众的话，可能会成为一个很危险的武器，但是像这次一样用来造福大众，它也可以成为一个有益的工具。今后我还会一直运用大数据技术来为市民谋福利。

第二部分
如何敬听，敬听又能换来些什么

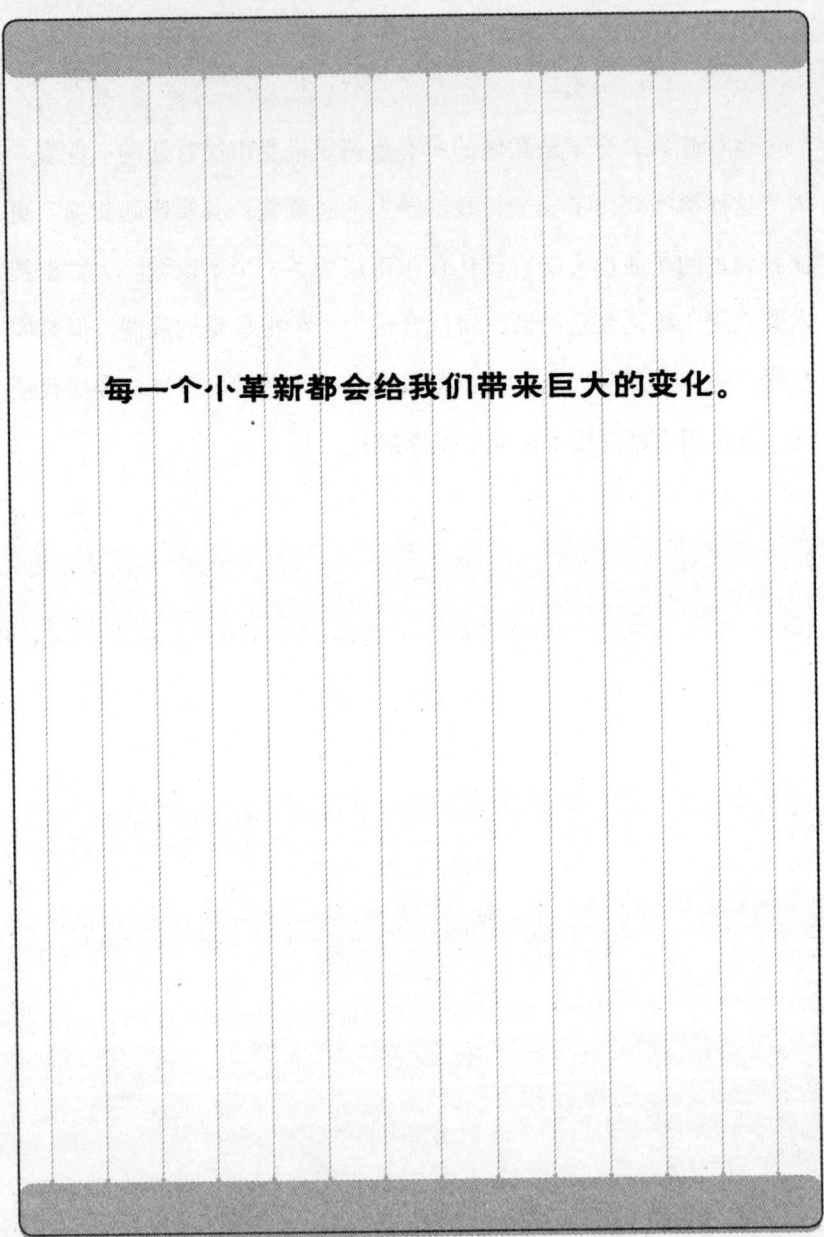

每一个小革新都会给我们带来巨大的变化。

为了说而听
龙山国际商业区

在这一章我会为大家解释一下什么是"安慰"。安慰也是沟通的方式之一，如果你不能为对方着想的话，是无法真正安慰对方的。以前我也是个很怕看见别人哭的人，别人一哭我就不知道该怎么办才好了。但是当上市长以后，我想："连安慰人都不会的人有什么资格当市长呢？"一个到处都是伤员的地方，最需要的当然是会给别人疗伤的医生啊。我想我必须努力学习如何安慰市民受伤的心。

不会安慰别人的人常常会说话不经大脑，想到什么就说什么。谁都知道对于疲惫的人要说："加油！"但是一句"加油"有时候并不足以安慰对方，对方很有可能会认为你是站着说话不腰疼。并不是对方不识好人心，而是人总是希望别人能够真正懂得自己的感

第二部分
如何敬听，敬听又能换来些什么

受，真正理解自己的处境。这也就是为什么受过同样的伤的人们即使不说话，只是紧紧陪伴着彼此就能相互疗伤的原因所在。也就是说，想要真正给予对方安慰，就要试着设身处地地去体会对方的心情和处境。

同样，在给别人忠告的时候我们也需要这样做。想要在不伤害对方的前提下告诉对方"你做得不对"，必须首先让对方相信自己。试想一个人不了解自己，也不知道事情的来龙去脉就对自己指手画脚，你会怎么样呢？也许表面上还是会装作点头同意的样子，但是背地里一定会骂对方多管闲事吧。

敬听是我们在安慰别人或是给别人忠告时必不可少的。我们一定要舍得花时间去敬听别人的心声。不要带有私心地去安慰或是忠告别人，如果我们只是为了说自己想说的话而装出一副为对方好的样子，对方也一定能感觉出来。沟通源自一个真正想要交流的决心和一份真实不虚假的感情。

从2012年起，我开始不断地收到关于西北李村洞问题持续恶化的情况报告书，每每看到这些报告书我都会备感压力。虽然公务员们一直在努力建设西北李村洞，但是当地的状况并没有好转。公务员们绞尽脑汁也想不出来首尔市政府能为西北李村洞做些什么，即使是作为首尔市长的我也束手无策。总之,龙山区(李村洞属于龙山区)存在一些非常复杂的问题。

龙山国际商业区建设计划是交通建设部门在2007年发布的。交通建设部门计划将龙山区及其周边地区改造成大规模商业区和高级住宅小区。但是事与愿违,第一个投资龙山区的三星物产公司在金融危机之后没多久就撤出了。后来在龙山区又兴建了乐天广场开发项目和地铁开发项目,但是都在2008年不景气的经济影响下中断了项目进程,一直到现在都没有再次动工。这些项目的问题还没有解决,2013年龙山国际商业区开发项目的负责公司龙山证券开发有限公司也宣布破产了。

接二连三的失败的最大受害者不是别人,正是西北李村洞的居民们。刚开始进行国际商业区开发时,居民们之间就因为拆迁还房方案的事情产生了许多矛盾,赞成拆迁还房方案的居民们和反对拆迁还房方案的居民各执一词、争执不下。再加上后来国际商业区项目的中断,居民的愤怒和失望更是与日俱增。虽然首尔市政府在这件事上并没有任何责任,但是这个项目毕竟是属于民资主导型项目,市民得不到任何收益,埋怨政府也是正常的。如果问题真出在首尔市政府身上还比较好解决,目前这种状况首尔市政府再怎么努力也是于事无补,只能眼睁睁地看着龙山商业区项目变成泡影。

第二部分
如何敬听，敬听又能换来些什么

即使这样我也并没有放弃，一直在思考政府可以为这里的居民做些什么。我认为目前首要的事就是和居民见面，听听居民怎么说。听说我要亲自访问龙山区，很多人都劝我不要去，他们认为我去也只有挨骂的份儿，根本解决不了什么问题。但是我确实是吃了秤砣铁了心要去龙山区。我还曾经瞒着所有人独自去过龙山区。到了那里以后，那种压抑沉闷的气氛和萧条的景象让我印象深刻，特别是看到道路两旁到处都是倒闭的商铺时，我几乎要掉泪了，我想一定要正式访问龙山区。

访问龙山区确实需要不少勇气，于是我鼓起了勇气要一探"虎穴"。去之前我十分紧张，一直想着自己要对市民们说什么，还在纸上反复打着草稿。我甚至做好了挨骂、挨巴掌的准备。2013年10月，我终于正式拜访了龙山区。这其实是我第二次来到这里，由于第一次是偷偷来的，这一次才算是正式拜访。和之前预想的一样，的确有很多市民骂我，还有市民醉酒大闯讨论会会议厅，但我吩咐工作人员不要阻拦他并让他也参与到会议中来。

那一天我是下午两点到达的龙山区，在居民中心简单问候了大家之后，我们就开始在居民们的带领下参观龙山区的各个地方。结束了3个小时左右的参观后，我们简单地吃了晚饭，晚7点左右在居

为了说而听

民中心会议室开始了政府和市民们的讨论会。在会上我鼓励市民们把心里话统统都说出来,这些市民中有的连水电费都交不起,有的靠变卖家产勉强度日,还有的负债累累。讨论会进行了两个半小时之后,所有的市民发言结束了。这时已经是晚上10点了,我开始了最后的总结发言,那次发言说的每句话我到现在都记忆犹新。

"刚刚我和一位老奶奶一同参观了整个龙山区,一路上我握着老奶奶那记载着沧桑的手,在想这手上布满了老茧,这位老奶奶的生活该有多么艰苦啊。虽然目前还有很多问题都没能解决,但是我认为今天的会议就是一个好的开始。大家能鼓起勇气在首尔市长面前如实地说出自己的心声,这本身就是一件很有意义的事情。刚刚有一位市民说要到法院提起诉讼追究首尔市政府的责任。说实话,如果真的提起诉讼,有利的一方一定是政府。我在一开始就跟大家说过,不管法律怎么判决,我作为首尔市长一定会为大家负责。除了我之外,首尔市所有的重要官员今天都来到了这里,为的就是能够真正解决大家的问题。虽然我们都希望能满足大家提出的所有要求,但是为了大局,我不能这样做。在这里我能向大家承诺的就是:今天在场的各位说的每句话我都会铭记在心,并尽我最大的能力解决大家的问题。"

我还鼓起勇气说了下面这一番话。

第二部分
如何敬听，敬听又能换来些什么

"我希望所有人都能通过这次龙山国际商业区事件做些自我反省。20世纪70年代以后，韩国的经济渐渐发展起来了，市民们的生活也越过越好。但是人们却并不满足于现在的生活，人们对金钱、地位的欲望越来越大，这些欲望让社会渐渐变得无情自私。人与人之间的竞争越来越残酷，很多人只要自己能锦衣华服，根本不会管别人会怎么样。现在韩国的人均所得达到了两万美元，但是大家问问自己过得幸福吗？韩国的自杀率是所有OECD国家中最高的，现代的青年人根本就没有什么童年，这比过去不幸多了。社会上充斥着性暴力和其他犯罪。大家扪心自问，这是大家所希望的吗？7年前的我们，虽然生活条件很一般，却比现在幸福得多。我们曾经的梦想并没有成为现实，现在让我们冷静下来思考一下问题究竟出在哪里吧。"

在我的总结发言结束之后，在场所有的市民都不约而同地鼓起掌来。我相信这些掌声都发自真心，它源自在欲望面前丢失了希望和幸福的市民们想要找回一切的渴望。

在这次发言之前，我考虑了很久要如何让生活在绝望中的市民找回希望，如何打动市民满满都是苦痛和愤怒的心呢？我想再多的花言巧语和单纯经济上的补偿都是不够的。我甚至无法给市民一个明确的解决方案。我能做的只有尽量去安慰他们，分担他们的痛苦，为此我还特意在龙山区住过一段时间。住在龙山区期间，我从来没有浪费过一天，每天都会到市民中间去听市民们的感受和意见。当然也有很累的时候，但是我已经不把我的身体当作我自己的了，我要把我的身体奉献给市民们。除此之外，其实还有很多事情等着我去处理。但是我认为现在最首要的事情就是和市民们交流，知道他们的想法、他们的意见。我相信我和市民们沟通的每一天都是有意义的。

并不是所有的市民都欢迎我，但我还是诚心欢迎每个人来和我交流。我希望能用我的真诚打动他们，哪怕我一时无法为他们解决问题，起码我来到了他们身边。我能做的也是带着我百分之百的诚意，敬听每一位市民的声音了。

我们正在尽力治愈西北李村洞居民们受伤的心灵。先来改变龙山区沉闷萧条的气氛吧。2013年10月，由8位公务员组成了专门负责这个项目的特别小组。我们还积极组织公务员和市民进行商谈，商谈内容包括市民的生活问题和低利息贷款的问题。为了改变街道萧条的景象，我们组织了很多文化公演和文化活动，希望能帮助市民们再次找回久违的笑容。

2013年12月，为了制定龙山区的后续发展政策，我们又召开了

第二部分
如何敬听，敬听又能换来些什么

听策讨论会，主要方向是建设国际商务区。当然这个计划的实现还是应该由市民来主导。

7年以来累积的伤痛不是一天两天就能治好的。现在我还是每天都会收到关于龙山区的报告书。我们正在按照市民们希望的方向努力建设龙山区。在那次总结发言后听到市民们的掌声的那一刻，我就确信龙山区一定会有复兴的一天。

大家现在感受到敬听的力量了吗？如果有一个人愿意真正去敬听你的声音，也就代表了这个人对你的真心。在理性交流之前，双方要先进行感情交流才行。通过敬听可以让人与人成为同甘共苦的同伴，可以让人与人之间实现真正的沟通。就像那次我访问龙山区时和市民的沟通能够给市民带来安慰一样，让我们借助沟通的力量治愈正在饱受痛苦的人们吧！

为了说而听

不是为了别的，只为了幸福而敬听。

> **第二部分**
> 如何敬听，敬听又能换来些什么

曾经一起做的梦成为了现实

本书中，我还没来得及介绍这位敬听方面的伟人金寿焕先生。金寿焕先生曾经是一位神父。在其他神父忙于传教的时候，金寿焕神父却会首先敬听教徒的心声，然后再根据每个人不同的情况用不同的方式和对方沟通。

在金寿焕先生的身上，我们可以学习敬听的方法。首先，要有主观能动性。金寿焕先生在听对方的话之前会先观察对方的一举一动，揣测对方的想法。其次，要注重互动。在与人沟通的时候单单听是不够的，我们还要给予对方适当的回应或回答。

演奏乐器或是合唱的时候，配合是很重要的，配合得不默契便不能很好地完成表演。敬听同样如此，双方的交流需要默契配合这个前提。很多人非常自私和自我，他们不愿意去敬听别人的声音，这也就导致了社会越来越不和谐。只顾自己感受不肯敬听别人的人，最终只能孤独一生。不为了别的，就为了自己的幸福，我们也要试着去敬听别人的心声。

有些人误以为"听"是一种被动的行为。除非你是千里眼，否则如果我们想真正了解一件事的话，就要尽可能地主动到事发地找到当事人，并和当事人当面沟通。在沟通的过程中，我们还要尽量设身处地地考虑对方的感受，并给予适当的回应。这里所说的回应不单单指语言上的回答，有时候一滴因感动而流下的泪珠胜过千言万语。真正的敬听能够给对方带来力量，能够治愈对方的伤痛。从某种意义上来说，"听"比"说"更具有主观能动性。

很多时候没能实现真正的敬听是因为双方没有产生共鸣。只是沉浸在自己的世界里，从心里抗拒和别人交流，自然也就没有办法和别人产生共鸣。**我们必须牢记的是，敢于放下自我保护壳才能真正实现沟通。**

有人说说话是一门技术，听话是一门艺术。在我看来，听话已经不仅仅是一门艺术而是"魔术"了。要练好口才并不难，真正

第二部分
如何敬听,敬听又能换来些什么

难的是学会敬听别人的心声。也许一开始你感受不到敬听的力量,但是时间长了你就会沉迷于敬听的魅力。**通过真正敬听我们心声的人,我们可以感到巨大的自我存在感和成就感,能和愿意真正敬听自己的心声的人一起携手度过一生是莫大的福分。在这个渐渐失去信任的社会里,这种福分是最难能可贵的。**

现实生活中,敬听的机会比我在书中提到的多得多。所谓听,不仅指听对方的话语。对于画家来说,画作是最好的沟通工具;对于音乐家来说,音乐是最好的沟通工具;对于舞者来说,舞蹈是最好的沟通工具;对于运动员来说,体育是最好的沟通工具。沟通只局限于人类吗?当然不是,自然界也有自己的沟通方式。我们只要找到最适合自己的、最真诚的沟通方式就行了。

"曾经一起做的梦成为了现实。"这句话一直写在我的 Facebook 的主页上。我希望就像这句话一样,所有人都能借助沟通的力量实现自己曾经怀揣的梦想。

以通安民。

借助沟通的力量让市民幸福起来。